高等职业教育汽车运用与维修专业教材

汽车售后服务管理

主编　汲羽丹　徐　艳

主审　夏志华

中国劳动社会保障出版社

图书在版编目(CIP)数据

汽车售后服务管理/汲羽丹，徐艳主编. --北京：中国劳动社会保障出版社，2019
高等职业教育汽车运用与维修专业教材
ISBN 978-7-5167-3852-8

Ⅰ.①汽…　Ⅱ.①汲…②徐…　Ⅲ.①汽车-售后服务-高等职业教育-教材　Ⅳ.①F407.471.5

中国版本图书馆 CIP 数据核字(2019)第 231714 号

中国劳动社会保障出版社出版发行
（北京市惠新东街 1 号　邮政编码：100029）
*
北京市艺辉印刷有限公司印刷装订　新华书店经销
787 毫米×1092 毫米　16 开本　9.25 印张　207 千字
2019 年 10 月第 1 版　2023 年 12 月第 4 次印刷
定价：28.00 元

营销中心电话：400-606-6496
出版社网址：http://www.class.com.cn

前　言

“高等职业教育汽车运用与维修专业教材”为国家级职业教育规划教材，自出版以来，受到了广大相关职业院校师生的好评。为了更好地服务社会，为广大师生提供实用、好用的教材，中国劳动社会保障出版社适时地对这套教材进行了改版。改版教材是在充分考虑我国汽车运用与维修职业教育特点的基础上，依据最新的法规、标准和技术发展成果，由学术水平高、教学经验丰富的教师编写而成。教材在以下方面进行了尝试和创新：

一、在品种上进行了优化。教材在上一版次的基础上，保留了反响较好的品种，去掉了适用性差的品种，增加了一些学校急需品种。改版后的教材共有25个品种，分别为《汽车营销（第三版）》《汽车文化》《新能源汽车概论》《无人驾驶汽车概论》《汽车电气设备构造与维修（第二版）》《汽车车身电气设备系统及附属电气设备检修（第二版）》《汽车总线技术》《汽车销售实务》《汽车售后服务管理》《汽车专业英语（第三版）》《商用车电气系统检修》《柴油发动机构造与控制系统检修》《汽车底盘构造与维修（第二版）》《汽车构造（第三版）》《汽车机械基础（第二版）》《汽车车身修复技术（第二版）》《汽车机械识图》《汽车机械识图习题册》《汽车故障诊断技术（第二版）》《二手车鉴定及评估（第二版）》《汽车发动机构造与维修（第三版）》《汽车检测技术（第三版）》《汽车维修技术（第二版）》《汽车维修质量检验（第二版）》《汽车自动变速器原理与维修（第三版）》。

二、在内容上作了更新。改版教材参考了现行的法律法规、技术标准等规范性文件，吸收了最新的维修技术和方法，在车型的选择上，既着眼于主流车型，又兼顾院校的教学实际，因此，教材能够满足大多数院校的教学使用。为了给教师提供更多的教学便利，每一套教材还配有精心制作的PPT课件，尽量采用多媒体的元素来展现教学内容，从而使教学更直观，更轻松。

三、在理念上选择了坚持。同上一版教材一样，改版教材仍然坚持以职业为导向，以能力培养为目标，以适用、够用为原则，实现知识和技能的合理统一。

四、在编写风格上进行了继承和发展。改版教材继承了上一版的编写风格，对图片的质量进行了大幅的提升，强调尽量以表格的形式对内容进行总结、归纳，增加了“技术提示”“安全提示”“环保提示”等模块，以利于学生在学习专业知识的同时，也了解一些紧密相关的其他知识。

五、在服务上进行了大胆的创新。选用教材的教师可以加入教材交流QQ群，通过这个平台教师可以下载资源、浏览样张、分享经验、反馈意见、与主编和出版者交流，享受一对一、面对面的贴心服务。教材QQ交流群号：577237654。

编　者

2019年8月

内容简介

本教材从岗位应用出发，重点介绍特约经销商售后服务相关岗位的核心业务内容及工作流程，同时介绍了汽车售后服务企业的经营与管理理念、特约经销商人员岗位设置及企业内部指标管理等相关知识。主要内容包括汽车售后服务管理概述、汽车4S店售后服务流程、客户满意度管理、汽车保修服务管理、汽车售后服务企业车间管理、汽车维修设备管理、汽车售后服务目标管理。本教材可以作为高职高专院校汽车类专业教材，也可以作为汽车维修、服务专业人员的培训教学材料。

本书由吉林交通职业技术学院汲羽丹、徐艳主编，孔春花、刘成副主编，郭玲、刘涧秋、张万春、曲英凯参加编写，由夏志华主审。其中第二章、第五章由汲羽丹编写，第三章由徐艳编写，第一章由孔春花编写，第七章由刘成编写，第四章由汲羽丹、郭玲、刘涧秋编写，第六章由张万春、曲英凯编写。

目　录

第一章　汽车售后服务管理概述 …… 1
第一节　汽车售后服务 …… 1
第二节　特约经销商 …… 4
第三节　国内外汽车售后服务发展 …… 7
第四节　CIS 理念 …… 11
复习思考题 …… 15
第二章　汽车 4S 店售后服务流程 …… 16
第一节　客户接待礼仪 …… 16
第二节　预约 …… 21
第三节　接待 …… 25
第四节　维修作业说明 …… 30
第五节　维修作业 …… 33
第六节　质检 …… 36
第七节　交车 …… 36
第八节　跟踪回访 …… 39
第九节　汽车维护常识 …… 42
复习思考题 …… 47
第三章　客户满意度管理 …… 48
第一节　客户满意度概述 …… 48
第二节　客户投诉处理流程及技巧 …… 54
第三节　客户关系管理 …… 57
第四节　客户满意度调查 …… 65
复习思考题 …… 69
第四章　汽车保修服务管理 …… 70
第一节　汽车产品保修规定 …… 70
第二节　保修流程 …… 74
第三节　索赔件管理 …… 78
第四节　汽车三包规定 …… 80
第五节　汽车产品召回 …… 84

复习思考题 …… 86
第五章　汽车售后服务企业车间管理 …… 87
第一节　汽车售后服务企业车间区域划分 …… 87
第二节　汽车售后服务企业安全生产管理 …… 91
第三节　汽车售后服务企业环境保护 …… 97
第四节　5S管理 …… 100
复习思考题 …… 110
第六章　汽车维修设备管理 …… 111
第一节　汽车维修生产设备 …… 111
第二节　维修设备的管理 …… 113
第三节　维修设备寿命 …… 120
复习思考题 …… 123
第七章　汽车售后服务目标管理 …… 124
第一节　客户维系指标管理 …… 124
第二节　业务指标管理 …… 128
复习思考题 …… 140

第一章　汽车售后服务管理概述

学习目标

1. 掌握广义和狭义的汽车售后服务概念。
2. 理解现代汽车售后服务发展的新理念。
3. 了解汽车售后服务企业的组织架构、部门职能及各岗位职责。
4. 了解国外汽车售后服务发展情况。
5. 理解汽车售后服务企业CIS战略的内容。

第一节　汽车售后服务

汽车售后服务是现代汽车维修企业服务的重要组成部分。做好售后服务，不仅关系到汽车产品的质量、完整性，更关系到客户能否得到真正的、完全满意的服务。

一、汽车售后服务概念

1. 汽车售后服务定义

根据汽车在使用过程中服务的范围不同，汽车售后服务可以分为广义的汽车售后服务和狭义的汽车售后服务两种。狭义的汽车售后服务是指从新车进入流通领域，直至其使用后回收报废的各环节涉及的各类服务。它包括汽车营销服务以及整车出售及其后与汽车使用相关的服务。而广义的汽车售后服务可延伸至原材料供应、产品开发、产品设计、质量控制、产品外包装设计以及市场调研等领域。汽车售后服务就技术性服务工作而言，可以在售前、售中、售后进行。通常所说的汽车售后服务，一般是指在汽车售出之后维修及保养所使用的零配件和服务，包括在车辆售出后进行的质量保修、维护、技术咨询、备件供应及信息反馈等。因此，汽车售后服务是指售后部门为客户提供的所有技术性服务工作及售后部门自身的服务管理工作。而售后服务的管理工作更是贯彻整个服务工作的始终。可以说，所有的技术性服务与相关管理工作都属于售后服务的范畴。

2.汽车售后服务特性

现代汽车售后服务是以信息作为技术支撑来实现其功能的，它呈现出系统化、专业化、网络化、电子化和全球化的趋势。汽车售后服务的主要特性包括广泛性、可贸易性、经济性和系统性。

（1）广泛性。汽车售后服务涉及范围广泛，产业链较复杂。汽车的消费不同于其他商品，一旦消费者购买了汽车，就需要定期加油、保养、购买保险、维修以及缴纳各种费用，直至汽车报废、解体，其消费支出是连续甚至持续的。因此，对应于汽车消费的这个特点，汽车售后服务业涉及的范围相当广泛，其产业链也远较其他产业复杂。

（2）可贸易性。汽车售后服务体现在重复使用与多次出售并举。在汽车业的利润构成中，汽车售后服务业已超越汽车制造业，成为汽车产业利润的主要来源。成熟汽车市场中整车的销售利润约占整个汽车业利润的20%，零部件供应的利润约占整个汽车业利润的20%，而50%～60%的利润是在服务领域中产生的。汽车商品购买活动，往往在固定的供应点进行，具有一次性特点，而汽车售后服务作为消费品，在不同时点被消费者重复使用与购买，具有一定的可贸易性。

（3）经济性。汽车售后服务拥有较高的利润空间和弹性。正是由于汽车售后服务具有可以被消费者重复使用和购买的特点，使服务供应者可以重复多次向汽车服务消费者索价，同时服务具有一定的差异性，服务提供者可以利用自己独特的服务，在与消费者的讨价还价中索取高价。正是由于这个特定的索价机制，保证了汽车售后服务拥有较高的市场利润。

（4）系统性。汽车售后服务既是产业链的终端，又对产业链始端产生密切影响。一方面，汽车售后服务业一般处于汽车产业链的终端，作为连接汽车生产者与使用者的纽带，在信息沟通上具有一定的优势，保证汽车服务提供者既可以从生产者处获得利润反馈，又可向消费者索取高价，从而维持汽车售后服务业的价格地位；另一方面，售后服务的优劣直接关系到品牌、车型的市场销售业绩，是汽车制造商在激烈的市场竞争中制胜的关键。

二、汽车售后服务模式

在我国，随着汽车售后服务的发展，目前主要有以下两种经营模式：

一种是汽车销售与服务相分离的方式，即独立模式。提供服务的制造商、经销商、配件商分别在自己的经营范围内提供相应的服务。汽车修理厂、配件供应店、洗车场等采用的就是这种模式。这种模式的企业不像4S店那样依附于汽车品牌厂商，投资规模远小于4S店，而且不只针对单方面的某一品牌的车型服务。独立模式经营满足了消费者对汽车售后服务的方便、实惠等方面的需求。

另一种是汽车销售与服务一体化的方式，即一体化模式。以汽车特约服务站为主体，通过汽车专营将各类服务商与客户的利益紧密连接在一起，形成一条有机的服务链。由于有汽车品牌的强大优势及汽车制造厂强有力的技术培训和配件供应的支持，汽车特约销售服务站在我国汽车售后服务中处于主导地位。

无论是哪种模式，目的都是服务好客户，创造最大的效益，因此完善的售后服务应具备以下两大基本功能：一是不仅能为客户解除后顾之忧，而且要利用售后服务树立和宣传企业形象；二是能及时准确地反馈产品使用信息、质量信息以及其他重要信息，为企业在生产技术、产品改进等诸多方面及时、准确地做决策提供可靠依据。由此可见，汽车售后服务同企业的产品研发、设计制造、质量管理等工作一样，是不可缺少的重要环节。

三、汽车售后服务理念

全新的售后服务理念，将售后服务带入主动关怀的新时代。随着人们汽车消费理念的成熟，客户更重视汽车售后服务水平，汽车厂家也在不断提升售后服务水平。

1. 主动关怀的客户服务理念

售后服务部门应树立主动寻找客户的意识，想客户之所想，把服务提前。要主动寻找客户，业务要从店内延伸到店外，通过日常的沟通维系了解客户，通过分析目标客户的关联消费行为，从中发现客户的潜在需求，主动提供服务。

案例：

“别克关怀”（Buick Care）是上海通用汽车创立的中国第一个汽车服务品牌。自创立伊始，始终秉承“比你更关心你”的理念，率先将汽车售后服务从“被动式维修”带入了“主动式关怀”的新时代。“别克关怀”强调售后服务的主动性，要求售后服务顾问比客户更关心他的车，主动担当客户的义务汽车保养顾问，并重视客户在体验整个服务过程中的心理感受。

有别于传统被动式的售后服务，“别克关怀”以“比你更关心你”为核心，将全新的售后服务理念落到实处，提供从购车前到购车后的全程优质服务，让每个客户都能体验到“别克关怀”。

上海通用汽车推出了6项标准化关心服务，包括：主动提醒问候服务——主动关心；一对一顾问式服务——贴身关心；快速保养通道服务——效率关心；配件价格、工时透明管理——诚信关心；专业技术维修认证服务——专业关心；两年或四万千米质量担保——品质关心。

2. 以员工为本的人才管理理念

企业管理的核心是人，即管理的主体是人，客体也是人。客户的满意必须由满意的员工来实现。员工也是上帝，只有满意的员工才能实现客户的满意，只有员工至上才能真正做到把客户放在第一位。企业善待员工，员工才能真正理解客户，才能善待企业和企业的客户。

企业要实现员工所服务的客户百分百地满意，必须从满足员工的需求开始，满足他们求知的需要、发挥才能的需要、享受权利的需要以及实现自我价值的需要，关心、爱护员工，调动员工的积极性，激发员工的奉献精神，满足员工的自尊心，使员工真正成为创造客户满意度的生力军。

知识链接：

双因素激励理论又称激励因素—保健因素理论，由美国的行为科学家弗雷德里克·赫茨伯格提出。该理论的重点在于试图说服员工重视那些与工作绩效有关的因素。弗雷德里克·赫茨伯格提出激励员工的因素包括保健因素和激励因素。

保健因素是指基本的因素，做到保健因素能让员工降低不满意度，而不能提升员工满意度。这些因素包括正常发放工资、改善工作环境、按计划加薪等。

激励因素包括满足员工成就感，让员工参与，及时表扬员工的进步，为员工制定职业生涯规划等。只有激励因素被满足时才能让员工满意。

3. 全新的信息管理理念

信息是决策的依据，信息对任何一家企业都至关重要。如何收集、管理售后服务信息，对企业发展起着关键的作用，如维修保养信息、配件供求信息、反馈信息、客户基本信息等。通过良好的信息管理，服务部门主动联系客户，进行主动提醒或问候，开展一对一顾问式服务，利用信息的优势，提供优质的服务，最大限度地满足客户的需要，使企业获得最大的收益。

第二节　特约经销商

一、特约经销商概念

1. 4S 店

4S 店是集整车销售（sale）、售后服务（service）、零配件供应（spare part）、信息反馈（survey）四位一体的现代化汽车服务企业，也称为特约经销商，简称经销商。经销商是汽车生产企业授权在指定区域内从事合同产品的销售、服务等经营活动的法人实体。4S 店是具有渠道一致性和统一的文化理念的有形市场，它在提升汽车品牌、汽车生产企业形象上发挥了重要作用。

（1）整车销售。整车销售主要包括为客户介绍符合其消费需求的车型产品，例如车辆性能、结构特点、性价比等，为客户提供试乘试驾、汽车保险、汽车信贷、汽车上牌等服务，以及宣传汽车生产厂家的品牌等服务。

（2）售后服务。汽车售后服务是汽车流通领域的一个重要环节，它的主要内容有技术培训、质量保修、备件（配件）供应、组织管理、企业形象建设等，这些售后服务的内容是有机联系、相辅相成的。汽车企业可以通过售后服务密切与客户的关系，树立企业的形象，提高产品的信誉，扩大产品的影响，培养客户的忠诚度。

（3）零配件供应。为客户提供原厂零配件，并提供质量担保，及时向生产厂家反馈汽车质量信息。

（4）信息反馈。对品牌客户进行定期回访，了解客户需求，倾听客户意见并做好记录，建立客户档案。收集客户对品牌车辆的使用信息、质量信息，并定期向汽车生产企业反馈。

2. 特约维修服务站

特约维修服务站是指由汽车生产企业授权在指定区域内从事合同产品服务的法人实体或企业。汽车特约维修服务站严格依据汽车生产厂家的标准，统一视觉形象，统一订购原厂备件，统一接受培训，统一使用专用工具进行维修服务。

二、经销商的组织机构及职能

组织机构是指把人力、物力和智力等按一定的形式和结构，为实现共同的目标、任务或利益有秩序、有成效地组合起来而开展活动的社会单位。一个好的组织机构可以让企业员工步调一致，向着同一个目标迈进；而不合理的组织机构会使企业组织效率降低，内耗增加，影响企业的成功和发展目标的实现。而企业管理是否成熟、合理，可以用管理幅度和管理层次进行分析。

管理幅度是指一个人能直接高效地领导下属人数的限度，或称管理面的宽度。例如，一家企业总共有100人，公司总经理下面直接管理8个部门经理，则该总经理的管理幅度为8人。管理幅度的意义在于如果没有这个限度，一个人不能直接和有效地领导指挥成百上千的人，那么所有的管理职能均集中于总经理身上，但总经理一个人受精力、体力、时间和知识的限制，被管理的人数太多、面太宽，既管不好，也管不了。

管理层次就是在职权等级链上所设置的管理职位的级数。例如，一家企业从上到下有总经理、总监、部门经理、主管、职员，则管理层次共有5层。

一般而言，管理幅度大，则管理层次少；管理幅度小，则管理层次多。在不系统、管理成熟度低的情况下，一个人只能管理6～8人，即管理幅度只有6～8人；只有管理成熟度上升了，才能管理更多人。

大多数特约品牌经销商的管理机构和岗位设置都类似，但是不同品牌的经销商管理会有所不同，即使相同品牌的不同经销商也会因人员经验、能力等不同而具备不同的组织结构。

1.经销商部门设置

（1）销售部。部门职能：负责根据汽车生产企业对整车销售的有关规划积极开拓市场，完成工作年会制定的季度、年度销售计划，认真做好客户的开发及维护工作。定期将销售经营情况及市场信息汇报给经销商站长及汽车生产企业售后服务部。

岗位人员：销售经理、销售顾问。

（2）售后服务部。部门职能：按照汽车生产企业售后服务部对品牌服务的要求，对客户车辆进行售后服务工作，包括车辆保养、维修、索赔、外出救援等服务工作，解决客户对服务的各种投诉，向汽车生产企业售后服务部反馈品牌车辆的产品质量信息和客户意见，维护汽车生产企业和经销商的品牌形象。

下属部门：售后服务部、备件部、技术部。

岗位人员：售后服务部设服务经理、索赔员、服务顾问、维修工；备件部设备件经理、备件销售计划员、备件仓库管理员；技术部设技术经理、质量检验员、内部培训员、工具（资料）管理员。

（3）水平事业部。部门职能：负责经销商日常的财务预算与财务往来，以及经销商的人事关系管理。

下属部门：财务部、人事部。

岗位人员：财务经理、会计、出纳；人事经理、人事专员。

2.经销商服务组织机构管理要求

（1）汽车生产企业特约经销商必须按照汽车生产企业售后服务要求设立组织机构，在签订“意向协议”后2个月内申报服务组织人员。特约经销商由经销商站长领导并开展工作。

（2）经销商专职管理人员（服务经理、销售经理、备件经理、索赔员、车间主任、财务人员等）由建站单位推荐合适的人员担任，然后填报“管理人员任职资格表”，送汽车生产企业售后服务部门审批备案。

(3)经销商建站初期，部分管理人员可身兼多职，但必须是具备一定能力和精力并且能够做好兼职工作的人员。

(4)经销商管理人员及技术工人必须经汽车生产企业售后服务顾问培训、考核合格方可上岗。凡未经培训或考核不合格者不得上岗，由经销商另行推荐其他人员担任。

(5)已经通过培训或考核合格的专职人员（服务经理、销售经理、备件经理、索赔员、车间主任、财务人员等）未经汽车生产企业售后服务部门允许不准擅自调离。

(6)经销商的任何员工，在工作中因工作失误给汽车生产企业及经销商造成不良影响的，汽车生产企业售后服务部门有权利要求经销商应立即更换该员工，同时申报接替者有关资料。

三、特约经销商人员岗位职责

1.总经理

(1)素质要求。具有大专或相当于大专的学历；具备较丰富的管理知识、汽车维修知识、汽车营销知识及社交能力，能够较熟练地操作使用特约经销商计算机管理软件；具有丰富的管理经验、组织能力和协调能力。

(2)岗位职责。负责建立、实施和改进公司的各项制度、目标和要求；制定质量方针、质量目标，确保客户需求与期望得到满足；负责公司的组织机构和资源配备；确保公司业绩，并使管理体系持续改进；规划公司的未来战略方针和发展目标，并贯彻落实好公司的各项规定和指示。

2.服务总监

(1)素质要求。具有大专或以上学历，汽车及相关专业；熟悉市场营销管理、财务管理、人事管理等企业管理知识；具有较强的计划、组织、协调能力。

(2)岗位职责。负责与汽车生产企业售后服务部门的业务联系，并落实其他各项工作安排；直接领导服务经理、备件经理和技术经理的工作；负责重大质量问题及服务纠纷的处理。

3.服务经理

(1)素质要求。具有大专或以上学历，汽车及相关专业；具有3年以上汽车维修工作经验；具备一定的服务营销知识、丰富的汽车理论知识和汽车维修经验；有较丰富的管理经验及较强的组织协调能力。

(2)岗位职责。负责监督、指导服务顾问、索赔员的具体工作，并进行定期考核；负责外出救援服务、预约服务、客户投诉、走访客户等工作的管理，并参与对重大维修服务项目的评审；做好业务统计分析工作，控制成本，定期填写并上报各种报表；负责控制和提高车间维修质量、安全生产和环境管理；组织开展本部门的各项相关活动及评估工作；遵守品牌厂商的要求和委托事项，如车辆召回、服务宣传活动、客户满意度改进等。

4.配件经理

(1)素质要求。具有大专或以上学历，汽车及相关专业；具备丰富的汽车构造知识；具备一定的营销常识，有丰富的管理经验、一定的组织能力及协调能力；能熟练地操作计算机。

（2）岗位职责。负责监督、指导配件工作人员做好配件管理工作；负责保证维修所需的充足的备件供应，对是否是原厂备件负责；负责将库存周转率控制在合理范围以内，加快资金周转；负责管理在途配件和紧急订货。

5.服务顾问

（1）素质要求。具有大专或以上学历，汽车专业或汽车维修专业；具备较丰富的汽车维修经验；能够准确判断故障原因，并能够估算维修费用和维修时间；具有较强的语言表达能力、组织协调能力；能够熟练地操作计算机维修软件。

（2）岗位职责。负责受理客户预约、变更和解除；负责维修客户接待及客户车辆故障初步诊断，与客户达成维修协议；负责将维修情况传达给技术人员，并监督工作进度；负责维修后交车，向客户解释维修事宜；负责客户维修后的车辆跟踪回访，并处理客户投诉；负责建立、更新客户档案。

6.索赔员

（1）素质要求。具有中专或以上学历，汽车专业或汽车维修专业；熟悉计算机操作；熟知国家法律、法规和厂家的售后服务政策；熟悉车辆配件名称，会填写三包单据；具备较强的沟通能力。

（2）岗位职责。负责索赔车辆的索赔资格审阅工作，保证索赔的准确性；负责因产品质量缺陷的召回处理工作；负责填写、打印信息报告以及填写索赔申请单；负责按授权公司要求妥善保管索赔件和及时按要求回运；负责定期整理和妥善保存所有索赔档案；负责主动收集有关车辆维修质量、技术等相关信息，并反馈给相关部门。

7.维修人员

（1）素质要求。具备较丰富的汽车维修经验；能够准确判断故障原因。

（2）岗位职责。负责维修故障车辆，恢复其良好技术性能；按要求进行新车型、新技术的培训学习，掌握厂商提供的技术信息；严格按照作业规范和工艺规程进行作业，不野蛮操作；负责妥善保管、使用维修工具和机具；保持场地整洁，坚持文明生产。

第三节　国内外汽车售后服务发展

一、国外汽车售后服务管理体系概况

西方发达国家汽车销售体系的建立是以生产企业为中心，形成一种唇齿相依、休戚与共的产销衔接关系。一般依靠合同把销售活动与双方的利益紧密联系在一起，采用的是受控于厂家的专卖制，这些专卖店都是“四位一体”，售后服务是其主要业务之一。在这种利益共同体中，一个环节的失误会造成整体利润的下降，因此，所有环节都会不遗余力地使客户满意。

在服务理念上，国外汽车售后服务的理念是“以人为本，客户至上”，能主动、热情、及时地处理客户意见，并根据客户要求设立服务项目。同时，售后服务不再局限于为客户提供方便，更多地加入了快乐消费、安全消费和文化消费等内容。

从国外经验看，汽车售后服务市场通常会经历小店—综合性大店—细分服务等发展阶段。未来我国也将逐步建立汽车维修配件追溯体系，保证配件供应渠道公开透明，实现汽车维修配件可溯源、可追踪，消费者合法权益受到损害时可追偿、可追责；鼓励发展第三方汽车维修配件认证机构，强化配件质量和信誉保证；鼓励连锁经营，促进市场结构优化等。

1.美国汽车售后服务业发展概况

在美国，汽车售后市场涉及的企业主要包括汽车零配件的制造商、汽车零配件的销售商和汽车修理服务商三大类企业，占据整个汽车售后服务业80%以上份额，产值占到整个行业的50%以上。

（1）“柠檬法”。柠檬法是美国的消费者保护法，主要用于保障汽车买主的权益。“柠檬法”的名称起源于美国经济学家乔治·阿克罗夫发表的一篇经济学论文，他在文中将车况不佳的二手车比作柠檬。因为柠檬是一种又酸又涩的水果，消费者买到有问题的汽车时，就如同吃了一颗青柠檬。后来对于出厂后有问题的汽车，通常称其为柠檬车或直接就称为柠檬。法律对什么样的车属于“柠檬车”有明确的规定，同时要求汽车生产厂家对客户购买的“柠檬车”负责。汽车制造商、销售商、代理商向客户销售了“柠檬车”，必须承担相应的赔偿责任，于是人们又把“汽车保用法”形象地称为“柠檬法”。该法要求：对处于质量保证期内的新车，如经过数次（一般为4次）修理后仍不能保证该车的正常使用，或者该车在质量保证期内累计30天不能使用的，制造商或者销售商就应该为客户更换新车，或者返还购车款并收回问题车，还要把汽车因为不符合质量保证而被退货的事实向当地车管部门报告。这一要求是非常严格的，但正是这一严格的要求使美国成为“汽车轮子”上的国家。

（2）以NAPA为代表的连锁经营。在美国，NAPA是一个家喻户晓的品牌，许多人把它形象地比作汽车售后服务行业中的“麦当劳”。NAPA是“全国汽车配件联盟”的缩写，成立于1925年。目前，NAPA旗下不同规模的汽车售后服务连锁店有1万多家，在美国50个州星罗棋布。客户一般都能很方便地在公路沿途和自己居家附近找到NAPA连锁店。NAPA提供的是标准化的专业服务，客户往往都会固定选择邻近的一家NAPA连锁店进行日常维护与保养。

NAPA连锁店的技术人员都受过专业培训，素质较高。所有维修人员必须拥有各种级别的汽车服务资格证书。同时，NAPA根据汽车维修保养技术的更新不断为各家连锁店的技术人员举办各种业务培训班。由于NAPA同时也是美国最大的独立汽车配件经销商，因此能够进行统一的零配件配送，这样不仅巩固了其最大配件供应商的地位，同时也确保了旗下汽车维修保养店所需配件的及时和足量供应。

2.日本汽车售后服务业发展概况

日本汽车市场的兴旺带动了汽车维修领域的蓬勃发展。多年来，日本汽车维修领域形成了完善的服务体系，这使日本的车主安心享受着完美的“车居生活”。在汽车的修、换、退方面，日本政府没有政策上的规定，对汽车售后的修、换是企业根据市场竞争决定的。但经过一段时期的市场调整、磨合，现在各企业都不约而同地制定了大致相同的修、换规定，并以人性化的服务来赢得市场份额。

在日本，除了将汽车送到特约维修站维修外，有一些人喜欢将汽车送到汽车服务超市去修理。例如，Autobacs是日本最大的汽车用品超市，主营汽车零件用品等，以批发、零售为主，并以汽车用品超市的形式对外经营。随着发展，Autobacs成立了针对商圈的超大型一站式店铺Super Autobacs。它拥有500多家连锁店，分布在高速公路两侧、居民社区周围以及大型购物中心附近，使客户就近就能享受到服务。Autobacs采用相同的门店设计，并有着统一的服务标识、服务标准、服务价格、管理规则以及技术支持。在Autobacs的连锁店里，从汽车的日常维护、维修、快修、美容，到各种品牌零配件的销售，甚至对车辆进行改装等服务一应俱全，能够一次性满足客户的全部要求。由于打破了纵向的垄断，连锁店里有各种品牌、各种价位的汽车零配件可供客户选择，满足了不同层次客户的需求。

日本的汽车行业充分认识到了售后服务是竞争的重要手段，客户是市场战略的核心。日本汽车生产企业投入大量人力、物力培养人才，提高技术，把向客户提供优良服务当作参与竞争的一种重要手段。

3. 欧洲汽车售后服务业发展概况

欧洲没有类似美国针对汽车产品的法案，也没有与日本类似的服务，但保障完善是欧洲汽车售后服务业的重要特点。目前，在欧洲汽车售后服务业适用的主要是《关于消费者商品销售及其担保的某些方面的指令》（以下简称《指令》）。根据《指令》规定，销售者必须向客户提供符合销售合同的商品，其强制的最短质量担保期是两年，但销售者可以根据自己的实际情况延长担保期。若提供的产品不符合销售商允诺或消费者合理期望的特性，则意味着销售商没有履行其合同，需承担更换、修理、降价处理或补偿消费者损失的责任。为享受《指令》所赋予的权利，客户必须在发现产品不符合销售合同之日起两个月内通知销售商。销售商对提供的产品存在不符合销售合同的情况负有责任。

二、我国汽车售后服务业的发展方向

1. 发展现状

我国汽车售后服务市场发展迅速，但仍存在许多问题，主要包括以下几点：

（1）标准与法规体系有待完善。相对于汽车制造业来说，汽车售后服务业的发展相对滞后，法规体系缺乏整体规划；而且汽车售后服务业没有统一的服务标准和行业规范，难以满足消费者的需求。

（2）我国尚未形成规模经济与品牌优势。与国外的连锁化汽车服务巨头相比，国内的汽车售后服务市场最显著的特点是企业规模较小，持续经营能力差，品牌优势不突出，缺乏较成熟的服务品牌，影响了企业通过差异化服务实现可持续发展。

（3）我国汽车售后服务企业的服务理念相对落后。国外售后服务的立足点是提高保质期限，推行“保姆式”品牌服务，服务实现了连锁化、网络化；而我国售后服务的立足点是“坏了保证修理”，并且是单个企业独立经营，很不规范。

（4）收费高，专业水平低。特约维修站的维修和保养费用昂贵，配件价格高。维修技术水平低也是普遍存在的问题。车辆出现故障进厂以后，汽车维修人员不是通过检验程序来判断故障所在，而是动辄就解体、更换零件，并且不按照操作规程和程序进行维修，使车辆造成非正常损坏。

2.经验借鉴

与发达国家相比，我国的汽车售后服务体系发展速度还很慢。中国汽车售后服务业要发展，就必须有选择地借鉴国外的经验，制定相应的发展策略，才能适应未来市场的发展。

(1) 严格市场准入制度，保护消费者利益。在汽车服务业发达的国家中，政府进行服务市场的规则制定，主要目的是保护消费者利益和创造一个更有竞争力的市场。通过设立严格市场准入制度，确保市场主体合格；对新设企业从业人员结构、设备配置、服务标准、信息管理以及专业服务的场地面积等方面进行监管；同时对从业人员的资格也有严格认证程序，从业人员向一定机构提交申请，并得到许可方可从业。近年来，美国政府对汽车服务业的管理有放松的趋势，但在放松管理的同时，又大大增加了有关健康、安全和环保的管理条例数量，以提高服务质量，并帮助服务行业提高国际竞争力。

(2) 政府要进行宏观调控。在汽车售后市场，除了企业自律以外，政府也必须发挥监管调控的作用。以美国为例，美国政府对汽修业的管理主要依靠各州政府直属部门——汽车维修局，负责对该州汽车维修人员进行培训考核，对修竣汽车的尾气排放进行监督，受理消费者诉讼，维护行业形象，审核汽车维修企业业主经营资格。我国最近几年出台的关于汽车售后方面的“三包规定”、召回新规等，都发挥了政府的职能，很好地保障了汽车售后市场的发展。

(3) 实行分类管理制度，确保服务质量。在国外成熟的汽车市场中，根据所提供的服务质量，企业各自向特定部门提出认定申请，相关机构按照不同的服务水平，将企业划分为不同的市场等级，并设定有效期限，以保证服务质量始终如一，这一制度已取得了良好的市场绩效。同时，对传统的汽车服务企业提出更为严格的要求，迫使其提升服务能力，以使其服务达到行业服务标准，从而更好地满足客户需求，并鼓励企业向专业型汽车服务企业过渡与转变。

(4) 多渠道提供服务。汽车售价已不再是吸引消费者购车的唯一因素，便利的服务、过硬的维修质量等都是消费者关注的重点，甚至超越了产品本身。在美国发达的汽车服务市场中，形成了以连锁经营模式为代表的汽车服务体系，通过以品牌为纽带，对社会资源进行整合与重新配置，并为连锁服务企业统一订货、运输、配送、进行技术支持等提供服务上的便利，使汽车服务程序简化，服务达到专业化与标准化要求，使独立于汽车制造商的专业服务机构能提供全方位的服务，保证了市场竞争的充分性。具体的服务类型可以细化为零部件与附件销售、保养服务、小中程度维修服务、大修或相撞维修服务等。在美国汽车服务业市场中独立服务机构的市场份额已超过50%，并且这一比例呈上升趋势。

(5) 提高工作人员素质和技术水平。汽车售后服务虽然是一项商业性的工作，但它也是一项技术性很强的工作。企业管理层的人员素质是关系企业兴衰、影响企业效益的关键因素。因此，要有一支强大的售后服务技术骨干队伍，定期开展业务技术培训，更好地开展售后服务工作。同时建立维修网络，建立强大售后服务网络的载体，做好网络规模确定、地理布局、经销商的选择以及网络管理方面的工作，为售后服务的高效、快速开展提供可靠保障，真正发挥汽车售后服务网络的作用。

第四节　CIS 理念

企业形象识别系统 CIS（Corporate Identity System）是指企业有意识、有计划地将自己企业的各种特征向社会公众主动地展示与传播，使公众在市场环境中对某个特定的企业有一个标准化、差别化的印象和认识，以便更好地识别并留下良好的印象。

CIS 设计是企业和品牌在市场开拓中，通过梳理资源和创意手法，创建企业品牌自身形象的重要手段，是企业参与商业市场竞争最基础、最关键的工作模块。

CIS 一般分为三个方面，即企业的理念识别（Mind Identity，MI）、行为识别（Behavior Identity，BI）和视觉识别（Visual Identity，VI）。CIS 的核心目的是通过企业行为识别和视觉识别传达企业理念，树立企业形象。

这三个要素是相互联系的统一整体。企业理念是企业的精神和灵魂，理念识别是指企业的经营管理观念，它也是 CIS 战略的核心。行为识别是企业的动态识别形式，企业的各种活动要充分体现出企业的理念，这样才能塑造出良好的企业形象；视觉识别是企业的静态识别形式，企业的标志、标准色是通过视觉系统传递给大众的。行为识别和视觉识别只有具备了正确的思想内容、充分反映企业的精神和理念时才能发挥更大的作用。

一、企业理念识别

1. 企业理念概述

企业理念是指企业在长期生产经营过程中所形成的企业共同认可和遵守的价值准则和文化观念，以及由企业价值准则和文化观念决定的企业经营方向、经营思想和经营战略目标。

企业理念是企业生产经营过程中设计、科研、生产、营销、服务、管理等经营理念的识别系统，是企业对当前和未来一个时期的经营目标、经营思想、营销方式和营销形态所做的总体规划和界定，主要包括企业精神、企业价值观、企业信条、经营宗旨、经营方针、市场定位、产业构成、组织体制、社会责任和发展规划等，属于企业文化的意识形态范畴。

例如，大众汽车公司一直秉持自己的企业理念来服务于消费者。大众汽车公司的企业理念是“制造普通大众买得起的汽车”，这是公司成立之初即确定的。

而时代赋予了大众新的企业使命：“以安全、优质、节能、环保的产品满足客户需求，提高消费者的生活品质，同时致力于世界环境保护，促进世界发展。”其企业精神是“竞争、和谐、创新、发展”。其道德规范是“博爱、平等、勤俭、节制、注重诚信、遵守法律”。

而一汽奥迪公司的“卓悦”服务（Audi Top Service）是公司着眼未来的全球化服务新战略，这一战略秉承“以心悦心”，即以全心全意的卓越服务带给客户发自内心的愉悦的服务理念，将“专业、尊贵、愉悦”的核心价值贯穿于服务的全过程。

汽车企业为了使售后服务建设有纲可循，实现服务差异化，并便于宣传，纷纷推出服务品牌，在售后领域深耕细作。如何有效提高服务品牌认知度，是一个亟待研究的课题。汽车企业应在深入研究客户的维修及维护习惯、需求、关注点及抱诉后，提供专业、快捷、高效的方案，解决客户用车过程中遇到的问题，向客户提供专业、规范、周到的服务。服务品牌是企业售后服务领域的灵魂，是售后工作的风向标。而树立服务品牌，提高品牌知名度，提升品牌价值，则是一个艰辛、漫长且系统的过程；更为重要的是，要坚持精心维护品牌形象。

2.企业理念识别设计原则

进行企业理念设计时应遵循下列原则：

（1）个性化原则。个性化原则是指企业所设计的理念必须使自己能在同业中拥有特色。

（2）社会化原则。企业理念虽然需要个性化，但必须为社会所认同。因而，企业理念的开发与设计必须同公众和消费者的价值观、道德观和审美观等因素相吻合，以得到社会公众的认同，获取较高的知名度和美誉度。

（3）简洁性原则。企业理念是企业价值观的高度概括，其字面必须简明，内涵必须丰富，并易于记忆和理解。简洁、清晰、新颖的企业理念将会更深入人心。

（4）人本原则。人本原则即以人为中心。企业必须将理念当作一种管理工具来应用，开发和树立企业理念的根本目的在于激发企业员工的积极性和创造性，科学的企业理念及其有效的实施，将会使所有的企业员工得到尊重和信任，使企业拥有一种良好的氛围和环境。

（5）市场原则。企业理念必须体现客户需求和竞争的要求。对于企业来说，理念是指导其经营活动的工具，而企业活动既是满足客户需求的过程，也是与同业者进行竞争的过程。因而，企业理念必须有助于这一过程。

二、企业行为识别

企业行为识别是企业理念的行为表现，包括在理念指导下的企业员工对内和对外的各种行为，以及企业的各种生产经营行为。企业行为识别是一种动态的识别形式，它通过各种行为或活动对企业理念进行观测、执行、实施。

企业理念要得到有效的贯彻和实施，首先必须科学构建企业这一行为主题，包括确定企业组织形式，建立健全企业组织机构，合理划分部门，有效地确定管理幅度，科学授权。企业主体架构完善，企业的运行机制才能完善，企业的行为才能有基础保证，企业的理念才能真正得到贯彻执行。所以，在企业行为识别系统中，企业主体特征是最基本的基础性因素。

不同的企业，其行为识别在内涵上又有所不同。例如，银行业重视外观形象和社会形象，销售企业重视外观形象和市场形象等。

企业行为识别是企业实际经营理念与创造企业文化的准则，是对企业运作方式所做的统一规划而形成的动态识别形态。它是以经营理念为基本出发点，对内包括建立完善的组织制度、管理规范、行为规范和福利制度等，目的是达到全体员工自觉遵守统一的行为方式，使企业内部变成一个整体。对外包括开拓市场，进行产品开发，通过社会公益文化活动、公共关系、广告行为、营销活动等方式来传达企业理念，以获得社会公众对企业识别认同的形式。例如，近年来越来越多的汽车企业纷纷投身社会公益活动中，斯巴鲁中国在陕西佛坪举办了“31座森林星之旅”探访朱鹮保护区活动，英菲尼迪举办了旨在关爱自闭症儿童的“敢爱星球”活动；吉利汽车开展了“绿跑道体育梦想计划”学校体育器材捐赠活动等。企业在不断加强社会责任感的同时，其自身也得到了发展，特别是对企业文化建设有着重要的影响。上述各种行为只有在企业理念的指导下规范、统一，并有特色，才能被公众识别、认知、接受和认可。

要使企业理念识别发挥应有的效应，需要长远规划和全体员工的共同努力，短期的举措不可能立竿见影。企业理念识别传达的对象不仅有客户，还必须有企业内部员工、社会公众、相关机构和团体。企业在规划设计行为识别的活动时，必须具备创新性及超前性，才能引发公众的兴趣与意愿。

案例：

一汽丰田公司经销商大会的故事

“TOYOTA WAY”是丰田企业的核心价值观，是企业的“DNA”。“TOYOTA WAY”的两大支柱是智慧与改善，包括挑战、改善、尊重和团队合作。“TOYOTA WAY”是所有丰田人的共同价值观与行动指南。

尊重就是要坚持以人为本，实现“让客户满意，必须先让员工满意”的宗旨。一汽丰田汽车销售有限公司的宗旨是“客户第一、经销商第二、厂家第三”。每次一汽丰田全国经销商大会都会出现与其他企业不同的现象。大会开始前的入场，一汽丰田董事会、经销商管理部门及参会的各部部长早已提前到达会场，站在大门两侧热情地欢迎每一名入场的经销商代表，第一次参加这种会议的经销商总是有些奇怪，有些不好意思，他们为这么多高层领导提前夹道欢迎自己而感动。每次大会不设主席台，厂家领导不仅都坐在台下，而且也不坐中间位置。正是这种做法，使经销商有了被人尊重的感觉，每次的经销商大会都展示出“亲切、团结”的会议气氛。企业高层管理者夹道欢迎经销商，正是把经销商放在厂家之上的体现，观念不仅是口号，应体现在具体的、细致的工作中，只有这样才能让大家更理解、更信服，使经销商更愿意在这个团队里奋斗。

三、企业视觉识别

企业视觉识别是企业理念的视觉化，通过企业形象广告、标识、商标、品牌、产品包装、企业内部环境布局和厂容厂貌等媒体及方式向大众表现、传达企业理念。

在CIS设计系统中，VI是最外在、最直接、最具有传播力和感染力的部分。VI设计是透过视觉符号设计统一化来传达精神与经营理念，有效地推广企业及其产品的知名度和形象的手段。因此，企业识别系统是以视觉识别系统为基础的，并将企业识别的基本精神充分地体现出来，使企业产品名牌化，同时对推进产品进入市场起着直接的作用。VI设计从视觉上表现了企业的经营理念和精神文化，从而形成独特的企业形象，其本身又具有形象的价值。

VI是以企业标志、标准字体、标准色彩为核心展开的完整、系统的视觉传达体系，是将企业理念、文化特质、服务内容、企业规范等抽象语意转换为具体符号的概念，塑造出独特的企业形象。视觉识别系统分为基本要素系统和应用要素系统两方面。基本要素系统主要包括企业名称、企业标志、标准字、标准色、象征图案、宣传口语、市场行销报告书等，应用要素系统主要包括办公事务用品、生产设备、建筑环境、产品包装、广告媒体、交通工具、衣着制服、旗帜、招牌、标识牌、橱窗、陈列展示等。VI在CIS系统中最具有传播力和感染力，最容易被社会大众所接受。

四、CIS的作用

企业形象对现代企业生产经营活动的作用越来越大，良好的企业形象是企业的无形财富。售后服务和销售一样，它是汽车厂商生产经营活动与客户使用消费的联系纽带。售后服务工作属于“窗口”性工作，对企业的形象建设有重要的作用。售后服务企业为了形象建设，必须推行标准化，包括服务站建筑物设计、布置的标准化（如服务站大门、厂房外墙等按标准色彩、图案建设），厂徽、标牌、悬挂物及色彩搭配的标准化（如竖立带灯光的或荧光的标准厂徽、标准路牌、标准图案，采用标准统一的字体、字样及颜色等），服务程序的标准化，工作人员着装的标准化及服务态度、精神面貌、服务素质等要求。

1. 提高知名度

一家企业的名字在社会大众、消费者心目中有多大份额，它的产品的使用率有多高，很大程度上取决于该企业的知名度。一家企业知名度高，它的产品就易被认可，就有可能在市场竞争中取胜。CIS 战略的实施正是为了提高企业的知名度。它通过一系列同一化、整体化、全方位的理念识别、行为识别、视觉识别的运用，反复植入，在社会公众心目中留下强烈的印象。

2. 塑造企业形象

企业形象是潜在性的销售额，是无形的资产，良好的企业形象会给企业带来不可估量的社会效益和经济效益。消费者使用该企业的产品时感到放心、满意，企业发行的股票在证券市场上变得抢手，企业对劳务市场上的人才有吸引力，社会各行各业与该企业的合作会更有信心。而 CIS 的目的正是通过内、外部综合性的经营努力和视觉系统的整合，以达到社会和客户对企业产生良好印象和意识的目的，以便将围绕企业的经营环境转变为有利于企业的经营条件，最终使企业在市场竞争中处于有利条件，不断扩大市场占有率和取得更好的效益。对内，企业形象可以增强企业员工对企业的认同感。

3. 培养员工精神

员工是企业活动的主体和企业行为的承担者。CIS 战略通过它的理念识别，导入更加成熟的经营方针和经营理论、思想，将经营信条、标语、座右铭、企业性格、经营策略传达出去，着重塑造企业员工的理念意识。这样员工就能明确意识到自己是这个集体中的一员，在心理上会形成一种对群体的“认同感”和“归属感”，员工间形成密不可分的群体关系，强化了企业的存在价值。

4. 明确企业主体

CIS 通过物质环境、时空环境、信息环境将视觉识别的同一性、独特个性传达给公众，使社会公众能了解、识别，从而接受企业及企业的产品。

CIS 的最终目的是实现企业的效益。不管采取何种竞争手段，企业的最终目的都是获取最佳的经济效益和社会效益。

案例：

梅赛德斯—奔驰的 CIS 设计

梅赛德斯—奔驰作为全球豪华汽车品牌，始终都是“尊贵、豪华和创新”的代名词，公司的三叉星标志象征了创始人对于未来全球人类的机动化所具有的远见与野心，三个星芒分别代表着大地、海洋与天空。

梅赛德斯—奔驰在中国市场始终致力于塑造优秀的品牌形象，成功运用整合营销策略，一改奔驰品牌以往在中国市场单一的高端商务车形象，完美地展示了过去曾被中国消费者忽略的丰富的品牌内涵。在品牌策略方面，梅赛德斯—奔驰通过与顶级文化、体育机构合作，全面展现出这个经典汽车品牌的动感魅力和飞扬激情。此外，多位中外影视或体坛明星也被邀请参与到奔驰的品牌传播活动中，为奔驰品牌文化带来更多年轻、时尚和激情的元素。

复习思考题

一、判断题

1. 汽车售后服务的管理工作贯穿于整个服务工作的始终。（　　）

2. 在CIS设计系统中，行为识别设计是最外在、最直接、最具有传播力和感染力的部分。（　　）

3. CIS包含MI、BI和VI三个层面，这三个要素是相互联系的统一整体。（　　）

4. 服务顾问负责维修客户接待及客户车辆故障初步诊断，与客户达成维修协议。（　　）

5. 售后服务工作只在销售完成后进行。（　　）

二、思考题

1. 为什么企业要进行CIS设计？

2. 试分析中国汽车售后服务业的发展方向。

第二章　汽车4S店售后服务流程

学习目标

1. 掌握汽车售后服务礼仪规范，能够运用规范的礼仪接待客户。
2. 掌握汽车售后服务接待各环节流程及要点，顺利完成客户服务工作。

售后服务流程包括预约、接待、维修作业说明、维修作业、质检、交车、跟踪回访共7个环节，如图2—1所示。在售后服务流程中服务顾问充当了客户与4S店之间沟通的桥梁，并通过提供出色的客户服务保持客户的忠诚度，最大限度地维系客户群体，帮助经销商实现经济效益。

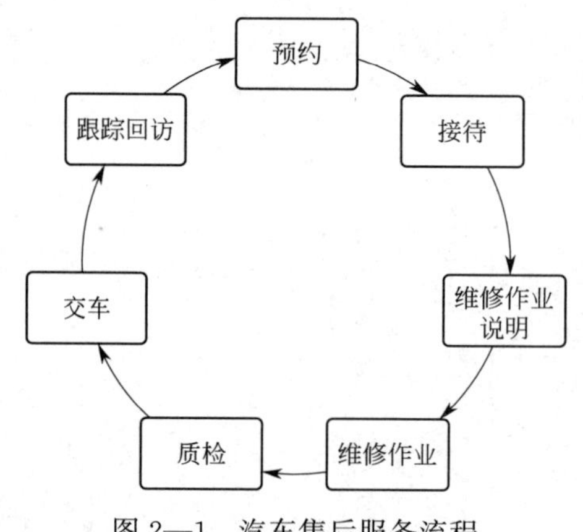

图2—1　汽车售后服务流程

第一节　客户接待礼仪

客户接待礼仪是影响服务效果的至关重要的因素，标准的接待礼仪一方面体现公司员工的自身素质和修养；另一方面体现公司的服务水平和公司的经营理念。

一、服务人员个人接待礼仪要求

1.专业的仪表塑造

头发保持干净，梳理整齐，注意头屑的清理，不使用浓烈、有刺激气味的发胶。男服务顾问不留长发及奇异发型。女服务顾问刘海尽量不遮住眼睛，留长发的应用卡子扎住头发。

注意个人卫生，确保身体无异味，可用气味清新的香水。

保持口气清新，上班或洽商前忌吃有异味的食物。

指甲保持干净，不过长，不藏污纳垢。女服务顾问不使用颜色鲜艳的指甲油。

服饰整体要求：规范，整洁，统一，服装熨烫平整，干净得体。女服务顾问需穿肉色袜子，避免穿短袜，且袜子无破损。男服务顾问需穿深色袜子，避免穿白色袜子，袜子不破损。女服务顾问尽量避免佩戴花哨的饰物，佩戴的饰品以不妨碍工作及服务形象为准则。

2.动作行为规范

服务人员日常的动作行为规范主要体现在站姿、坐姿、行姿、蹲姿等方面，优雅、规范的动作姿势体现了服务人员良好的精神风貌。

（1）站姿。正确优美的站姿给人以挺拔笔直、精力充沛、积极进取的感觉。身体端正，两肩放松，抬头挺胸，身体挺立，下颚微收，双手交叉放在身前。男服务顾问两脚分开，与肩同宽；女服务顾问双腿并拢，脚尖呈“V”字形，或前后稍微错开，一前一后，前脚的脚后跟稍稍向后脚的脚背靠拢，后腿的膝盖向前腿靠拢。

（2）坐姿。身体重心垂直向下，腰部挺起，上体保持正直，头部保持平稳，两眼平视，下颚微收，双掌自然放在膝盖或座椅的扶手上，宜坐在椅子面的三分之二处。男服务顾问上身挺直，两腿自然分开，两脚平行不超肩宽，小腿基本与地面垂直。女服务顾问双腿并拢，两脚同时向左或向右放，两手相叠后放在左腿或右腿上，着裙装时应整理裙摆后再坐下。

（3）行姿。协调稳健、轻松敏捷的行姿会给人动态之美，表现朝气蓬勃、积极向上的精神状态。规范的行姿如下：走路时头要抬起，目光平视前方，双臂自然下垂，掌心向内，并以身体为中心前后摆动。上身挺拔，腿部伸直，腰部放松，脚步要轻并且富有弹性和节奏感。

（4）蹲姿。下蹲拾物时，应自然、得体、大方，不遮遮掩掩。下蹲时两腿合力支撑身体，避免滑倒，应使头、胸、膝关节在一个角度上，使蹲姿更加优美。女服务顾问无论采用哪种蹲姿，都要将两腿靠紧，臀部向下，脊背保持挺直。臀部一定要蹲下来，避免弯腰翘臀的姿势。

二、服务人员接待礼仪要求

1.问候

客户进入视线5 s以内，要主动打招呼、迎接，并以亲切、热情的服务接待客户。欢迎问候要精神饱满，声音洪亮。对于初次见面的客户，应向客户进行常规性问候，如“欢迎光临”等。如果是对老客户的问候，最好是能呼出客户的姓氏，让客户感觉备受尊重，如“欢迎光临，×先生/女士……”。

2.表情

微笑是一种国际礼仪，能充分体现一个人的热情、修养和美丽。微笑要贯穿于礼仪行为的整个过程。微笑时应自然适度，让客户体会到你的友善与诚意。适时微笑并配合得体的手势，会更显得自然大方。

注视客户时，视线高度应平行或略低于客户视线。与客户交谈时，双眼视线落在对方鼻间，标准注视时间是交谈时间的65%。眼神切忌审视、不屑、冷漠或双眉紧锁、目光无神或不敢正视对方。

3.握手

握手是人们日常工作中最常使用的礼节之一。握手时，遵循“尊者优先”的原则，伸手的先后顺序是上级在先、主人在先、长者在先、女性在先。握手时应双腿立正，上身略微前倾，握手时间一般在2～3秒之间为宜。握手力度不宜过大或毫无力度，要注视对方并面带微笑。与新客户握手应轻握，但不可绵软无力；与老客户应握紧些，表明对再次见面期待的热情。

4.介绍

自我介绍是交际场合中常用的一种介绍方式。在服务过程中，为了主动迎接客户的光临，需要先把自己介绍给对方。要想使自我介绍取得成功，并给对方留下深刻的印象，需掌握好自我介绍的艺术，主要应注意以下几点：

（1）把握时间。自我介绍时要言简意赅，态度自然、友善、亲切、随和，语气自然，语速要正常，语音要清晰，尽可能地节省时间，以半分钟为宜。

（2）注意内容。自我介绍的内容包括单位名称、部门名称、姓名、担任的职务和所从事的具体工作等。在进行自我介绍时，应将这些要素连续报出，给人以完整的信息。例如，“您好，我是启航4S店的服务顾问王宇，很高兴为您服务。”在介绍他人时，被介绍者的顺序应按照“尊者为先”的原则，即男士先被介绍给女士，晚辈先被介绍给前辈，下级先被介绍给上级等。

（3）注意方法。进行自我介绍时应先向对方点头致意，得到回应后再向对方介绍自己。应善于用眼神表达自己的友善、关心以及沟通的渴望。在获得对方的姓名后，不妨加重语气重复一次，以示尊重。

5.递送名片

服务顾问应随身携带名片，名片应存放在名片夹内。递送名片时应轻微鞠躬，并简单寒暄。接受名片时必须点头表示感谢，简单浏览对方名片的内容，轻念对方的姓名及职务。接受对方的名片后应将其放入专用的名片夹或其他不易折的地方。

6.递送茶点

首先询问客户所需要的饮料种类，在听到对方提出的要求后，重复饮料名称进行确认。送茶点时托盘高度靠近胸部，说“打扰一下”后按逆时针方向将饮料放在客户的右手边。若同一桌上的客户需要不同的饮料品种，在分发前需要先行确认。随时注意观察客户是否需要添加饮料，需要时应及时续杯。

7.递送资料

资料正面面对接收人，用双手递送，并对资料内容进行简单的说明。如果是在桌上，切忌将资料推到客户面前。如果有必要，应帮助客户找到其关心的页面，并做指引。如赠送礼物给客户，需双手递送，点头示意，真诚地看着对方的眼睛，说出致谢的话语，微笑着递给客户礼物。

8.礼貌用语

礼貌用语是尊重他人的具体表现，是友好关系的敲门砖。所以在日常生活中，尤其在社交场合中，会使用礼貌用语十分重要。多说客气话不仅表示对别人的尊重，而且表明自己有修养。

(1) 服务文明用语

"您好！请出示您的保养手册和车辆行驶证。"

"请您过目，还有什么需要补充的报修项目吗?"

"请您随我到休息室休息，有什么情况我立即与您联系，请您放心。"

"您这次的修车总费用是××元，这是结算单，请您核对。"

"这是我的名片，如需帮助，请随时给我打电话，我将及时为您提供服务。"

(2) 服务忌用语

"不知道，我不清楚，没办法。"

"你有意见，去找领导。"

"这不是我的事，我不管。"

"按规定你的车不能保修，保修手册上清楚地写着，自己去看吧。"

"下班了，明天再来吧。"

"我知道了，这种现象是这种车的通病。"

"这车都这样了，处理不了。"

三、服务人员电话礼仪要求

在日常工作中，使用电话的语言很关键，它直接影响着一家公司的声誉；"未见其人，先闻其声"，人们通过电话能粗略地判断对方的人品、性格。因此，应掌握正确的电话礼仪。接听电话不可太随便，应讲究必要的礼仪和一定的技巧，以免发生误会。无论是打电话还是接电话，都应做到语调热情、大方自然、音量适中、表达清楚、简明扼要、文明礼貌。

1.接听电话礼仪

(1) 电话铃响在3声之内要接起。

(2) 如果对方告知"××不在"时，我们不能马上挂断，而应表达歉意并致谢。

(3) 接听电话时，应注意使嘴和话筒保持40毫米左右的距离；要把耳朵贴近话筒，仔细倾听对方的讲话。最后应让对方自己结束电话，然后轻轻把话筒放好，最好在对方之后挂电话。

(4) 当拿起电话听筒时，一定要面带微笑。不要以为笑容只能表现在脸上，它也会藏在声音里。亲切、温情的声音会使对方立刻产生良好的印象。

(5) 通话完毕，应该友善地感谢对方。

2.拨打电话礼仪

(1) 打电话前应准备好以精神饱满的状态应对客户，拨通电话后，先向对方问好，并明确对方是不是要找的对象，得到明确答复后，再进行自我介绍。

（2）打电话时，要口对话筒，说话要富于节奏，表达要清楚、简明扼要、吐字清晰。

（3）在与客户交谈过程中如果电话铃响，应该先向现场的客户致歉，经客户允许后再接听电话。

（4）如果电话对方不是找本人，那么应该礼貌地请对方“稍候”并将电话转给对方所找的人，如找不到接电话的人，可以主动地提供一些帮助，如“需要我转告吗?”

（5）如果碰到对方打错电话时，也要有礼貌地应对，不可敷衍了事或匆忙挂断，因为无论是从电话对方或现场客户的角度来看，这都是表现服务顾问礼仪服务的一个亮点。

案例 2—1：

主动预约和被动预约

主动预约

1.“您好，请问您是王先生吗?”

2.“我是××汽车销售 4S 店服务顾问××。”

3.“王先生您好，我这边资料显示您的汽车快到首保日期了，不知道您近期有没有做首保?”

4.“王先生不知道您什么时候方便预约来站首保? 提前预约可以节省您的时间，而且在以后的保养/维修预约中我们的工时都有相应的优惠，您看什么时候方便预约?”

5.“王先生您看下周一、周二可以吗?”

6“好的，那就给您预约到下周二，您看是上午还是下午方便?”

7.“那周二下午 4 点您看行吗?”

8.“王先生请您来 4S 店前带上您的行驶证和保养手册。我们会在周二下午 3：30 给您去电话，我们的地址是××，业务电话是××，我是服务顾问××，稍后我们会把地址、电话给您以短信的形式发过去。王先生那我们周二下午见，欢迎您的光临！”

确认客户挂断电话后方可挂电话。

被动预约

1.“您好，这里是××维修站，服务顾问××为您服务。”

2.“ 先生/女士，您贵姓?”

3.“李先生您好，有什么可以帮助您的吗?”

4.“李先生您是要预约保养/维修?”

5.“好的，我帮您做一下预约登记。您的车型是××；您的车牌号码是××；您车辆的行驶里程是××；您预约的时间是××。我们的预约工位会给您保留 30 分钟，这次您保养/维修的工时和材料价格是××；需要保养/维修的时间是××。您方便把电话留给我吗? ”

6.“ 李先生请您来站前带好您的行驶证和保养手册。您还有其他需要吗?”

7.“我们会在您来站前 30 分钟跟您联系，我们的地址是××，我是服务顾问××，稍后我们会把地址、电话给您以短信的形式发过去。再见，感谢您的来电。”

8. 确认客户挂断电话后方可挂电话。

第二节　预约

预约是为客户提供售后服务进行预先安排，根据维修中心的能力安排接待工作。预约服务是汽车售后维修服务的发展趋势。预约是汽车售后维修服务流程的第一个环节，它构成了与客户的第一次接触，从而提供了一个与客户建立良好关系的机会。预约可以分为主动预约和被动预约。

主动预约就是经销商根据提醒服务系统及客户档案，主动预约客户进行维修及保养。主动预约不但能够体现维修企业对客户的关怀，增进与客户之间的感情交流，而且可以向客户展示维修企业的服务形象，介绍和推销维修企业的服务，从而能够增加维修企业的业务量，提高营业收入。被动预约是客户先与经销商进行预约，车辆进厂后很快获得维修服务，节约自己的时间。

一、预约的好处

1. 预约对客户的好处

(1) 客户可以方便地根据自己的日程安排服务时间。

(2) 缩短客户等待时间。

(3) 获得更多的个性化服务。

(4) 有更充分的诊断时间，从而获得质量更好的服务。

2. 预约对经销商的好处

(1) 可以合理安排维修工作量，节约时间，从而提高生产效率。

(2) 确保接待时间，以免遗漏客户要求。

(3) 使客户的车辆得到迅速、优质的维修，提高客户满意度和忠诚度。

(4) 避免客户集中出现，可以从容应对，避免出现不必要的纷争。

(5) 可以实现计划工作和单车过程控制。

(6) 可以事先准备配件，实行计划作业，节约配件准备和查询时间，减少其对工作效率的影响。

(7) 可以预先安排工作，加强计划性。

二、预约流程

1. 预约准备

预约前服务顾问在当日要确定次日预约客户清单，并准备客户相关资料，包括客户之前是否有维修记录，同时确认要预约提醒的项目，然后填写“预约服务登记表”。

2. 预约实施

预约实施主要通过电话预约的方式进行，也可以通过短信、电子邮件、现场预约等方式进行。

经销商主动预约服务流程如图2—2所示。

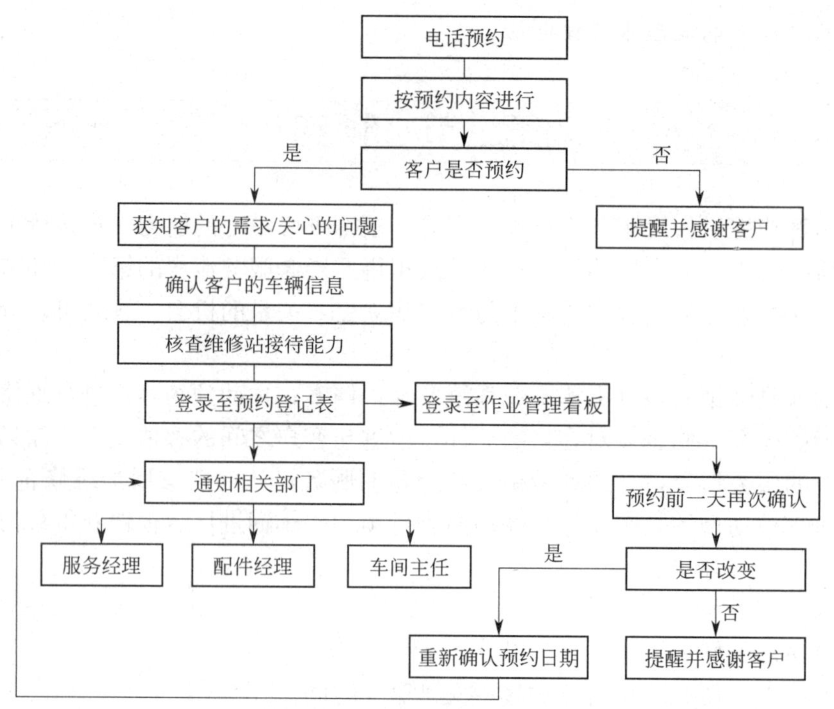

图 2—2 经销商主动预约服务流程

(1) 电话预约。要遵守电话礼仪。

(2) 确认客户是否预约。在说明致电目的后，明确客户是否进行预约。如果客户不进行预约，要有礼貌地感谢客户接听电话，并提醒客户要注意车辆情况，及时进行保养和维护。

(3) 获知客户的需求/关心的问题。接待客户时要认真倾听，确定并确认客户此次来访的目的。弄清客户请求的类别：定期保养；明显的修理工作；与投诉有关的工作，涉及噪声、振动、驾驶性能、不能运转或出现故障的零件等问题。

通过预约系统记录情况说明或者所需的维修。

(4) 确定客户的车辆信息。首先询问客户方便在什么日期和时间进行预约。之后服务顾问可以预估维修费用，如果客户车辆需要进行定期保养，则应始终根据维修菜单或价格指导给出预估金额。若是其他情况，则可根据要求参照工时定额分级制等给出预估金额。如果当时难以准确预估，则告知客户将在维修站进行车辆诊断后给出预估金额。最后要确保客户了解以上这些情况。

给客户预估交车时间，在这个环节要考虑维修中心的工作负荷，并告知客户所给出的预估时间将在客户把车送到 4S 店后得到确认。

(5) 核查维修站的接待能力。核查客户准备送车当天时间段车间的接待能力，一般而言，一名服务顾问在车辆进厂高峰期的最大接待能力为人均每小时接待四五位客户。如果车间无法在客户首选的日期提供服务，或者在客户首选时间的接待量达到了所能接待的能力，则向客户询问下一个最佳时间，并提供备选的预约时间。

然后服务顾问与客户在电话中要再次确认预约的相关内容。以保证没有遗漏和错误。在对客户表示感谢后结束对话。

（6）登录到预约登记表。将客户车辆信息详细登记到预约登记表（见表2—1）中，包括车型、客户姓名、车牌号码、联系电话、预约到店时间、预计交车时间等，然后记录在预约管理看板上。

表2—1　　**预约登记表**

序号	车型	客户姓名	车牌号码	联系电话	服务顾问/工位	预约项目	预约到店时间	确认是否到店	预计交车时间
1									
2									
3									
4									
5									
6									

（7）通知相关部门。通知服务经理，准备接待工作；通知车间主管，安排维修人员和维修工位；通知配件经理，准备所需配件。同时核查客户档案中的维修历史记录，了解之前的维修情况及未完成的工作等。核查车辆是否在召回等特殊活动的范围内，如果在，则要在维修公告内核查相应活动的细节。

（8）提前一天再次确认。在预约日期的前一天，再次跟客户电话确认并进行提醒。如果客户预约临时有变，则要重新安排时间，并在预约登记表中新增条目。确认好时间后，提前准备好派工单。进行预约确认能够降低客户的失约率，以免影响维修车间的时间安排及降低服务效率。

3.履约准备

（1）预约信息公示。服务顾问在预约日期的前一天将预约信息填写在维修接待大厅的预约管理看板上，见表2—2。

表2—2　　**预约管理看板**

日期	服务顾问	7：00～8：00	8：00～9：00	9：00～10：00	10：00～11：00	……	16：00～17：00	总预订量
周一								
周二								
周三								
周四								
周五								
周六								
周日								

（2）履约准备项目

1）填写欢迎板。

2）填写“预约登记表”。

3）提前 1 小时打电话确认。

4）服务顾问通知备件计划员准备预约所需备件，在标签上注明客户姓名、车牌号码、预约日期。

5）对返修或投诉的问题，应预先向服务经理报告。

6）预约维修项目需要诊断或路试检查的，应提前准备好相关工具。

三、预约要点

（1）了解客户潜在需求，包括：了解客户车辆服务记录。尽可能地缩短客户车辆服务登记的时间。确保让客户清楚可能需要进行的其他服务项目。

（2）准确地预计时间与费用。

（3）尽可能地将预约放在空闲一些的时间，避免太多预约挤在上午的繁忙时间及傍晚。

（4）留 20%的车间容量对应简易修理、紧急修理、前一天遗留下来的修理及不能预见的延误。

（5）将预约时间隔开，防止重叠。

（6）与安全有关的、返修客户及投诉客户的预约应予以优先安排。

（7）当订货零件不能在预约入厂日到货时，应及时通知客户，建议客户更改预约时间。

案例 2—2：

王先生做建材生意，平时生意忙，时间很宝贵。这两天他感觉所驾驶的轿车加速时有些发抖，于是他开车来到经常光顾的一家 4S 店。刚一进门就看见服务顾问桌前围了很多人，他等了半天才排上队，开好了派工单。王先生将车开进维修车间，看到车间车辆已满，车间主任告诉他来的不是时候，还有半个小时才能给他检修，至于什么时候能修好，车间主任也说不清楚。这期间不停地有客户打电话找王先生，王先生有点不耐烦了，决定不修了。就这样，他开着带“病”的车返回了单位。一连几天，他都开着这辆车办事，虽然有点不舒服，也只好这样。忽然有一天，他接到一个电话，是原来他曾经去过的另外一家修理厂的服务顾问打给他的，问他车辆状况怎么样，他把一肚子委屈一股脑地向服务顾问倾诉，服务顾问问他什么时候方便，可以预约，提前给他留出工位，准备好可能用到的配件并安排好修理工。王先生想了想，决定次日早晨 9 点去。第二天早晨 8 点，服务顾问就给王先生打电话，说一切工作准备就绪，问王先生什么时间赴约，王先生说准时到达。当王先生 9 点开车到达修理厂时，服务顾问热情地接待他，并拿出早已准备好的维修委托书，请王先生过目签字，领他来到车间。车间业务虽然很忙，但早已为他准备好了工位和维修工。维修工是一位很精明的小伙子，他熟练地操作仪器检查故障，最后更换了 4 个火花塞后故障排除了，前后不到半个小时。王先生很高兴，从此他成为了这家修理厂的忠实客户。

四、预约指标

1. 预约率

$$预约率=\frac{计划预约作业台次}{计划月接车台次}\times 100\%$$

高预约率在一定程度上体现了客户的忠诚度。有了提前预约，客户就不会因等待时间长而抱怨，4S 店也不会因太忙而出现差错，特别是不会产生客户因嫌麻烦而离开 4S 店的情况。

2. 提高预约率的途径

（1）要使企业持续经营，建立良好的预约服务是必须做的。每家经销店应从一开业就开始摸索建立预约体制。

（2）加强与客户之间的沟通。根据档案定期地主动与客户联系，了解车辆信息。

（3）设立专门外出上门验车员，对客户难把握的故障问题进行上门检测，以提高汽车保养、维修量。

五、预约中常见客户异议及处理

在预约中经常会遇到客户的异议，需要服务人员准确、及时地处理，以提高客户服务满意度。下面来分享两个案例：

客户："我不要预约，有空我自己会来你们服务中心的。"

服务顾问："对于您这种心情，我们完全可以理解。可是先生，您只要在来店保养 3 天之前，花几分钟时间与我们确认您方便维修的时间，就可以省去您数小时等待的时间，您不觉得预约其实是对您非常有利吗?"

客户："我的车因离服务中心比较远，能否不到服务中心换机油?"

服务顾问："当然可以，如您要自行更换机油，请注意使用同等级机油，并同时更换机滤。但是，我们还是建议您到 4S 店来更换机油，因为 4S 店经专业培训的售后人员会在换机油的同时对您的车辆进行检查并提出保养建议，且所用配件均为原厂配件。若在非 4S 店更换机油而引起车辆故障会增加您额外的损失。"

第三节　接待

第一印象在多数人的记忆中是最深刻的，所以，客户接待应当使其对企业产生美好的第一印象。

从客户将车停到业务接待厅门前的那一刻起，对客户的接待就开始了。从那一刻，客户就应当感受到友好的氛围，特别是收到友好的问候。接下来与服务顾问的接触、交谈是客户接待工作的关键，客户对企业的好感和信任度常常在此时产生。

客户是否留下，进而成为忠诚客户，服务顾问负有实质性的责任。不满意的客户会在熟人当中到处讲述其对企业的不满，由此带来的损失是不可估量的。优秀的服务顾问可以化解客户的不满，挽回由于客户不满而带来的损失，为企业创造最大的效益。

在这个环节要让客户感觉到服务顾问的热情和专业，同时让客户有回家的感觉，使客户感到他的选择是正确的。

一、接待礼仪

服务顾问负责客户接待工作，不能因为工作忙就让其他人员代替，否则会让客户感到不受重视，客户会对企业产生不信任感。接待时服务顾问要面带微笑，给客户留下良好的印象，向客户致意可直接称呼对方的姓氏和职务（如王先生、李经理等），这样客户会感到受重视，同时也显得亲切。服务顾问做自我介绍后可递上自己的名片。

二、接待流程

接待服务流程如图 2—3 所示。

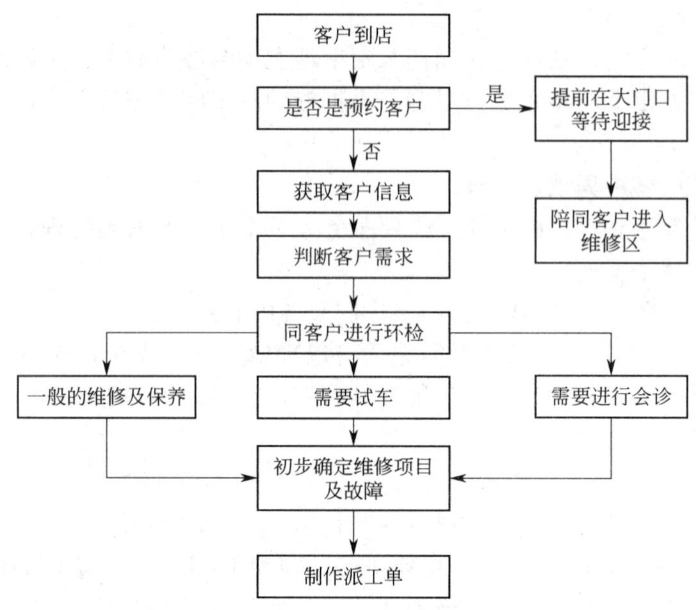

图 2—3　接待服务流程

客户到店要按照接待礼仪进行接待，接待的客户可以分为预约客户和非预约客户。如果是预约客户，服务顾问则要在约定时间提前 3 分钟在大门口等待迎接，并提前取出已准备好的修理单和客户档案，陪同客户进入维修区。

对于非预约客户，要礼貌地迎接客户，进行自我介绍，询问客户姓名，在修理单上记录下客户和车辆的资料，询问客户是否是第一次来。

1. 识别客户需求

耐心倾听客户陈述，鼓励客户用自己的语言表述自己的要求，并使客户感到轻松自如。询问检查目的和里程表读数，然后确定技术检查程序，了解故障现象及故障产生的情况等，认真听取客户的维修要求，将症状及客户要求写在修理单上，并加以确定。

2. 陪同客户进行环车检查

陪同客户一起进行环车检查，如图 2—4 所示。当着客户的面使用防护五件套（包括脚垫、座椅套、转向盘套、变速杆套、驻车制动杆套），提供手提袋收纳客户的物品，检查车辆是否存在某些缺陷，有无贵重物品留在车中等，把存在的缺陷在问诊单上注明。如图 2—5 所示为东风日产“接车问诊单”。车辆防护不只是使用五件套，在驾驶客户车辆、开关车门、检查电气故障时都要小心、轻柔。服务顾

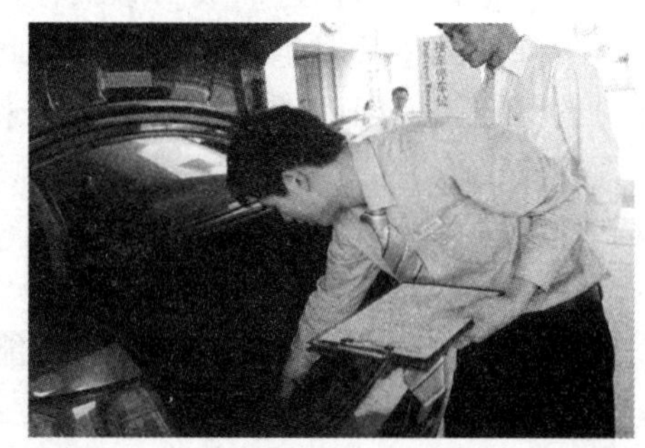
图 2—4　环车检查

问不要随便调节客户习惯的座椅位置，可以使用座椅定位贴在车辆门槛上对座椅位置进行标记，位置以座椅最前沿为定位点，这也是对客户关怀的一种体现。

接车问诊单　　预约:是 □　否 □

地址：　　电话：

客户名：________　车牌/VIN：________　里程：________　F + + + E

来店时间：________　车型：________　备注：________

维修记录

□ 首二保	□ 每5千公里保养	□ 每10千公里保养	□ 每20千公里保养	□ 每40千公里保养

以上记录仅做派工参考，卖际以滤工单为准

客户陈述/原因分析/预诊断结果

	确认人：	机电	钣金	喷漆	选装/其他

提示：发生时间，频率：发生部位：天气，路面状态：发动机，变速箱状态：行驶速度：声音描述

JY=机油；JYG=机油格；KOG=空气格；KTG=空调格；OYG=汽油格；HHS=火花塞；FDY=防冻液；ZDY=制动液

客户签名：　　客户电话：　　客户服务代表：

客户服务代表已将此页内容详细向客户说明，客户签名意味着客户理解并接受此内容。

确认项目：✓代表是　×代表否

□ 确认提醒客户保管好自己的贵重物品
□ 确认客户是否在店等待
□ 确认是否外观脏暂不作外观检查
□ 确认客户是否回收旧件

客户其他要求：

费用/时间预估
零件费：
工时费：
总计：
预估交车时间：

外观检查

○：划痕　△：凹坑
W：裂痕，磨损，老化，缺失等
□：车身多处划痕，凹坑，无法一一记录

此单一式两联：一联车间(白)　二联客户(红)

- 现金及贵重物品已提醒客户随身携带，本店不负责保管。
- 此单所含预诊断结果、预估费用及时间不做结算依据，结算以结算单为准。
- 检查出故障在本店维修则检查费包含在维修费内。如不在本店维修，请支付检查费￥_____元。

图 2—5　接车问诊单

3. 需要试车

如果故障出现在行驶过程中，应与客户一起进行试车，以复现客户所描述的事件。然后向客户确认已经复现了他所描述的事件。如果需要进行修理，则解释事件的潜在原因、要完成的工作、要更换的零件等。如果不需要进行修理（如是客户期望过高导致的），则将客户的车辆与新车进行对比或者使用用户手册或销售宣传册向客户解释原因。返修或投诉的车辆可要求车间主任协助，在修理单上清楚地提示“返修”或“投诉”。

4. 制作派工单

制作派工单（见图 2—6），并总结客户需求，解释要做的工作、估价和交车日期及时间，与客户共同核实车辆、客户信息，将所有故障及客户意见写在派工单上，服务顾问将派工单打印出来，客户在派工单上签字。

案例 2—3：

王先生是一家外资企业的高级经理，他买了一辆帕萨特 B5 轿车。有一天，车的左前门不小心被划伤了，他将车开到一家修理厂进行维修。服务顾问热情地接待了他，详细记录了车的损伤情况，并且环车仔细地检查了其他部位，发现右前翼子板有道划痕。征求王先生的意见：是否一起修理一下。王先生感到很惊奇，由于工作忙，他还没有注意到。他问服务顾问需要多少钱？服务顾问告诉他需要 100 元，王先生愉快地接受了。优良的接待既让客户感到满意，又增加了收入。

知识链接——问诊工具：

1. 机油试纸

（1）发动机中机油经使用后，会含有铁屑、积炭等杂质，容易造成机件磨耗，缩短发动机使用寿命，必须使用机油试纸协助分析油质劣化情况。

（2）客户若忘记上次换机油的时间与里程，可利用机油试纸实施测试，从而判定机油是否含有杂质或已发生氧化。

2. 轮胎气压计

轮胎是车上唯一与路面直接接触的机件，胎压对于汽车行驶的稳定性、转向性及乘坐舒适性均具有很大的影响，必须使用轮胎气压计测量，以确保胎压合适。

3. 轮胎花纹检测仪

爆胎事故往往是轮胎过度磨耗所致，轮胎不良对于制动距离影响很大，使用轮胎花纹检测仪测量胎纹深度，可以确保正常胎纹深度及行车的安全性。

4. 冰点检测仪

冰点检测仪可检测以丙二醇和乙二醇为基的防冻液的冰点和玻璃水的冰点，防止因防冻液和玻璃水冻结而冻裂发动机和洗涤壶，且防止冷却液因冬季气温较低，发动机延迟达到工作温度而影响发动机效率，或因低温时冷却液冻结而影响发动机顺利起动。

三、接待要点

在接待环节，服务顾问应主动向客户索取保养手册。

服务顾问应邀请客户一起对车辆进行环车检查，与客户确认车辆状态，检查车辆是否还有其他需要维修的项目，并现场征询客户意见。

派　工　单

No.

车牌：________　车型：________　联系电话：________

公里数：________　进场日期：________　预计出场日期：________

检查项目	内外现检查说明	漆面检查
贵重物品	有☐　无☐	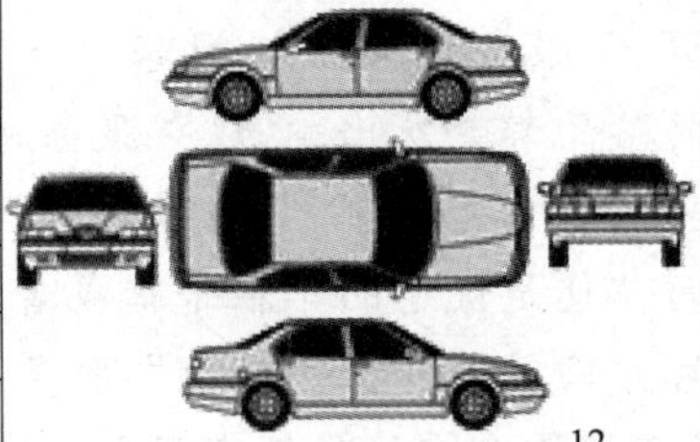
玻　璃	正常☐ 划痕☐ 破裂☐	
雨　刮	正常☐ 异常☐	
空　调	正常☐ 异常☐	
仪表盘信号	正常☐ 异常☐	
轮胎铝圈	正常☐ 异常☐	
音　响	正常☐ 异常☐	燃油表显示：0 1/2 1
备注：		外观验查：○刮花 ×凹、划痕 △裂开

序号	服务项目	单位	数量	单价	金额(元)	施工技师
1						
2						
3						
4						
5						
6						
7						
8						

注：请车主自行保管车内贵重物品，如有遗失概与本公司无关！

第一联存根(白)　第二联客户(红)　第三联施工(黄)

接车顾问：________　客户确认：________

地址：　服务热线：
24小时救援电话：

图 2—6　派工单

对于发现的维修增项，如果客户要求不做修复，应记录并向客户解释不做修复可能造成的后果，并请客户确认。

服务顾问在做环车检查时，应按照“接/交车检查表”的内容顺序逐项对车况进行检查。

服务顾问借助系统，能够回答客户关于检测和标准工时固定价格的咨询或者为客户提供任务委托书上标注的价格。

服务顾问应把所有客户要求的和与客户商定的维修、保养项目和其他服务要求都详细地记录在任务委托书中，避免保养/维修过程中遗漏客户的某些维修项目或服务要求。

了解并记录客户需求后，服务顾问应再次与客户确认是否还有其他服务要求，或有不满意的地方（问题、要求或抱怨），以充分了解客户需求，做到让客户满意。

案例 2—4：

一名客户抱怨车辆左前部有异响。服务顾问可以通过开放性的提问，引导客户提供所需的信息，服务顾问可以这样问客户："您车辆的声音具体是哪个部位发出的?"客户回答："好像是车轮附近。"服务顾问继续问客户："在什么路面上行驶时发出响声?"客户回答："在平路和颠簸的路面都会发出响声。"服务顾问接下来问客户："什么时候响?"客户回答："在转弯和原地转向时响得厉害。"当服务顾问收集到有用的信息后，就可以用封闭性的问题进行总结，例如："您是说您的车在平路或者颠簸的路面，转弯或者原地转向时左前车轮附近响，对吧?"客户回答："是这样的。"服务顾问就可以根据客户的回答得出结论："根据您的描述，我判断可能是左前外球笼有问题，我们可以先试试车，检查一下外球笼。"

四、接待中常见客户异议及处理

客户："为什么我不能自己开车进车间或者进车间看自己的车辆维修的过程?"

服务顾问："您的心情我们完全可以理解，对于检修质量您也可以完全放心，4S 店的维修工都是技术过硬的技师，检修完毕我们会进行验车。您在这段维修期间里，完全可以安心处理您的事务，如有什么问题，我们会及时与您联系的。"

如果客户依然执意要求进车间，则进一步说明：

"在车间内车辆不断地移动，举升机要举升车辆，从安全的角度上说，我们不建议您进车间。另外您可以设想一下，如果我们每个客户都进车间看维修过程，我们的车间会成什么样！况且修理汽车是一个十分精密、仔细的过程，就像医生在做外科手术。如果您是医生，周围站着很多人看您动手术，您会有什么感觉？"

客户："××汽车的配件为什么不能外卖？我在外地，我住的地方无××售后服务中心，维修很不方便，能不能把配件卖给我，我拿回去修？"

服务顾问："您的感受我们能够理解，其他客户也曾有过类似的疑问，请允许我解释一下。××汽车采用的是封闭式的配件供应模式，目的就是保证您在 4S 店能获得××汽车纯正优质的配件。您知道汽车的维修和保养需要较高的专业技术，一般非专业人员很难掌握，为了广大××汽车车主的安全得到保证，厂家规定配件不得外卖，以防非专业人员向××汽车车主提供不恰当的服务，从而危及车主的驾驶安全。"

第四节　维修作业说明

维修作业说明是向客户说明作业项目、作业时间、预计金额及交车时间等事宜，详细、清晰地说明可以减少或杜绝客户投诉及经济纠纷。通过维修作业说明充分理解客户交修的目的，与客户进行观念和专业上的顺畅交流，使客户认同维修建议，满足客户需求。

一、维修作业说明服务流程

维修作业说明服务流程如图 2—7 所示。

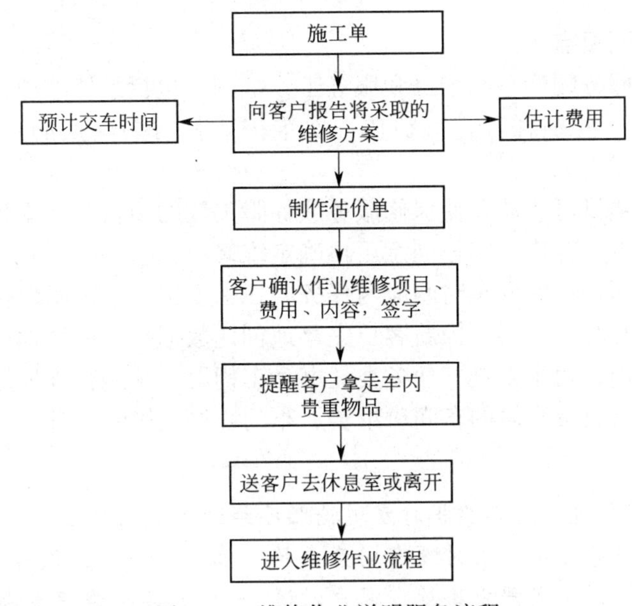

图 2—7　维修作业说明服务流程

1. 向客户报告维修方案

耐心、细致地向客户报告维修方案，准确地估计相关费用，并预计交车的时间。

2. 制作估价单

按照派工单，在接待系统中输入作业代码、代码名称、作业时间等内容，确定作业的费用。查找需要的零件号及价格，并填写在估价单上。零件没有库存时，向客户确认是否愿意在零件入库后再次来店，然后进行零件订购。零件价格昂贵时，可以向客户收取部分定金。

3. 估价单的说明

向客户出示派工单和估价单，同时说明作业项目、作业时间、预计金额及交车时间。确认并记录支付方法。在得到客户认可后请客户签字。将派工单和估价单的客户联交给客户。客户签字确认的目的是让客户了解合同内容作出确认。事实上，很多时候客户签字并不代表客户完全理解，有部分客户对价格和时间等细节不太关注，充分信任服务顾问，对具体的价格和时间没有注意看就签字确认，但在取车结算时发现与自己的理解有很大出入，认为受到欺骗。因此，一定要确保客户充分了解了相关条款，再进行签字。

4. 安置好客户

如果客户在店内等候作业完工，引导客户进入休息区，向客户表示感谢，并介绍可以免费享用的饮料、食物和休息室的设施，告知客户联系自己的方式。如果客户不在店内等候，需要再次确认联系方式，将客户送出 4S 店。

5. 车钥匙和寄存车辆管理办法

方便的车钥匙管理方法可以减少不必要的时间浪费，因此要下功夫做好管理工作。接待完毕，给车辆编号，并把与车辆编号相同的号码牌挂在车钥匙上。对车钥匙保管箱的钥匙挂钩编号，对停车场的每个车位编号。在施工单上填写车辆牌照号、钥匙号、钥匙保管场所和停车场车位号码。

二、维修作业说明要点

(1) 根据诊断，服务顾问总结维修和服务工作范围，包括维修增项，并在工作文件中更新客户的选择。对于一些损耗件，特别在下次维护前就需要更换的，要在维修委托书上注明。

(2) 对某些检查项目可能涉及使保修服务或保险失效的项目时，服务顾问需要提前告知客户，将可能的收费告知客户，客户同意后再确定维修项目。

(3) 服务顾问当面告知的取车时间应与任务委托书上记录的时间保持一致。

(4) 仔细更新核心客户资料，为新客户完整地创建数据并且谨慎地处理信息。

(5) 检查所有文档、随车工具（任务委托书、车钥匙、车辆行驶证等）。

(6) 将车辆移交给负责维修的车间班组长、车间协调或维修技师。

案例 2—5：

一家4S店在为客户进行汽车维护时发现轮胎已经到了磨损极限，向客户说明需要更换，但是客户以需要请示领导为由，当时没有同意更换。过了一个月，该客户在高速上行驶时，因速度过快，轮胎爆裂，造成严重事故。客户以该4S店未按照维护要求检查轮胎并告知他为名要求赔偿。经过调查，服务顾问未在维修委托书上进行注明，没有证据表明进行了检查并尽到告知义务，因此对客户进行了部分赔偿。

三、维修作业说明中常见客户异议及处理

在维修环节，客户的异议较多，涉及的范围也较广，包括维修质量、维修时间、价格、配件供应等内容。以下案例所述情况属于常见的客户异议及处理方法。

客户：“上次我更换配件价格高，这次配件又降价了，回单位向领导无法交代，配件价格变化太快，总在变动，能不能不变?”

服务顾问：“配件价格下降是为了回馈广大××车主对我们品牌的厚爱，节省车主们的使用成本。您的情况很特殊，如果有必要的话，我们4S店可出相关说明给您的领导，您看如何？”

客户：“我的车出现了疑难故障，在你们维修检查时找到了问题，虽然花费了你们一整天的时间，但是我现在不想维修了，你们却要收我的检测费，你们××汽车不是说检测是免费的吗？为什么现在要收我检测费呢？”

服务顾问：“维修前的故障诊断是维修的关键环节，尤其是疑难故障，需要高超的技术和丰富的经验，同时还可能使用专用检测仪。若已准确判断故障等于维修进行了一半，因此按行业惯例及我们厂家的规定，适当地收取检测费用是合理的。”

客户：“为什么你们各地区服务中心的工时费不一样，有的便宜，有的贵?”

服务顾问：“非常感谢您提出这个问题。因为各地区的行业规定、物价水平不同，所以各4S店的工时也会略有不同。但请您放心，所有的工时收费标准都经过国家相关部门的严格审批。如您对您的账单有疑问，可随时与我们联系，我们将会尽快给您一个满意的答复。”

客户："同样的配件，为什么在市场上也能买到，而且价格便宜?"

服务顾问："为确保您能使用优质纯正的售后服务配件，厂家所有零配件采购都达到全球通用的QSTP（供货质量）标准，而市场上的配件来自不同渠道，质量和使用安全得不到保证。同时，您在4S店处更换的配件享有1年/20 000 km（以先到达为准）索赔期保证。安全和高品质是我们对每一位客户的承诺。"

客户："我的车用的是进口件，现在为什么停止供应，只能换国产件?

服务顾问："这是从两个方面考虑的：第一，国产件都经过严格测试、试验，在质量要求上与进口件的标准是一致的（国产件的质量甚至优于进口件的质量）。第二，国产件的价格低于进口件，从而大大降低了客户的维修成本。国产件质量好且价格便宜，您看如何?"

客户："为什么我的车要换总成件而不是修理?"

服务顾问："××汽车根据零件供应流程，并结合中国汽车修理技术现状，对部分零配件维修要求更换总成，以确保××车的维修使用安全。例如，更换方向机内油封需专用工具和较高的工艺要求，4S店一般无法保证修理质量，因此可能导致方向机漏油、失灵，将会存在极大的安全隐患。当然对修理工艺要求不高或有相应修理技术保证时，厂家将尽可能地将总成件打散供应。"

客户："××汽车空气滤芯为什么价格涨了200元?"

服务顾问："这是因为该配件在滤芯底部加装了钢丝滤网，增强了空气过滤效果，加强了对发动机的保护。同时，××汽车也提供价格较低且不带滤网的空气滤芯供客户选择。"

第五节　维修作业

维修作业是维修企业的核心环节，维修企业的经营业绩和车辆维修质量主要由此环节产生，做好维修工作十分重要。在这一环节服务顾问担任双重角色，一方面代表客户将客户车辆维护信息反馈给车间或进行维修作业的技师，以确保车间在预计的时间内顺利完成车辆维修工作；另一方面，代表专营店（品牌）将车辆维修过程中发现的问题及时反馈给客户，与客户沟通并让其充分了解企业为了满足其要求所做的工作。

一、维修服务规范

（1）维修作业时要使用座椅套、脚垫、转向盘套、变速杆套、翼子板保护垫等必要的装置。

（2）不可在客户车内吸烟、使用音响、接打电话等做与维修无关的事。

（3）在维修过程中，发现新的故障时，维修人员要及时报告车间主任，并通知客户，得到客户许可并由客户签字确认后方可进行追加作业。

（4）维修人员要保证在预期时间内完成维修工作，如果认为可以提前或需要延迟完工要报告车间主任，车间主任通知服务顾问与客户联系。

（5）将更换下的旧件整理好，放入指定的位置，便于客户验看或带走。

（6）维修中，如果移动了座椅、转向盘、后视镜的位置，在维修结束后，务必恢复至原来的位置。如果无法恢复，则通知服务顾问，向客户转达并取得谅解。

二、维修作业流程

维修作业流程如图 2—8 所示。

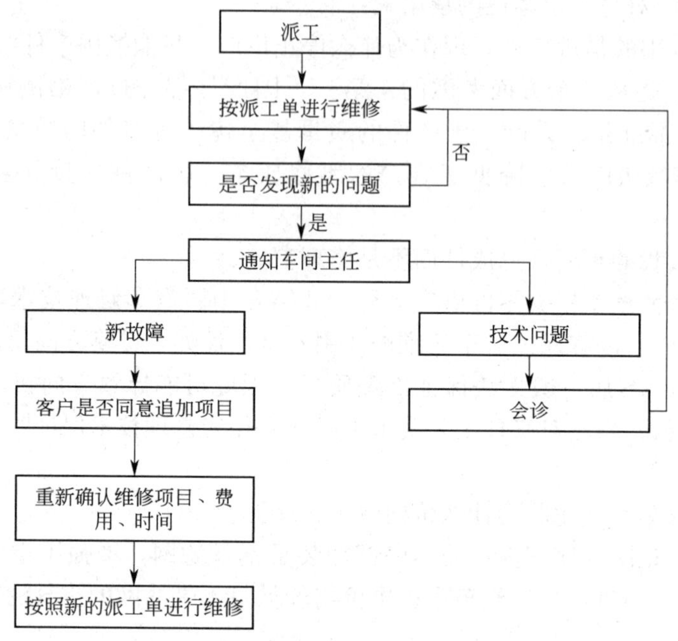

图 2—8　维修作业流程

1. 派工

派工时首先要安排好当天的结转工作与预约工作，之后确认当天的可用时间段。负责调度、安排工作的人员应一直监控维修站的服务能力并了解剩余的可用时间。工作的安排应基于维修人员的维修能力，一次负责处理一份派工单。

2. 按派工单维修

维修人员完成车辆交接后，按照派工单记录的内容对车辆进行维修。在拆修检验过程中如果发现新的问题要及时进行处理。如果是技术问题，可以会同车间主任共同进行会诊，排除后继续按照派工单内容进行维修。如果是新故障，则要第一时间通知车间主任或服务顾问，转告客户，询问是否进行追加维修。

3. 客户追加确认

服务顾问应在了解需要追加的相关项目、费用及用时后，及时与客户取得联系，并进行沟通，确认新的交车时间，只有在客户同意的情况下才能进行追加工作。若客户拒绝追加，要确认客户了解拒绝追加可能带来的影响，并进行记录确认。

4. 把握派工车辆的维修进度

服务顾问在维修作业中首先要把握车辆的维修工作进度，监控工作从维修开始后进行，间隔一段时间就应确认一次维修进度，直到交车为止，要始终有效地把握车辆的维修进度。

通过维修进度的监控能让客户及时了解车辆维修的进度与状况，提供更多信息给客户，减少客户等待过程中的焦虑感，容易与客户拉近距离，建立更深一层的客户关系。

三、维修作业要点

服务顾问要监控时间安排，对于维护作业一般需要在维护工作最初及估计交车前半小时进入车间与维修技师沟通并查看进度，确保按承诺的时间交车。

维修过程中交车时间因故延迟或者发现新的需要维修的项目要及时通知客户，并向客户详细说明，取得同意后再次派工。维修工作延迟时应向客户说明修正后的交车时间，并说明作业延迟的原因。

四、追加销售技巧

1. FAB法

在诊断或维修的过程中可能会发现需要进行追加销售的情况。追加销售可采用FAB法。FAB是三个英文单词首字母的缩写，F表示特征，A表示优点，B表示好处。特征就是产品的特点、属性，是区别于竞争对手的地方，可以客观观察到的作用方式。优点是特征带来的用处，是产品设计和用途的预期结果，可以给客户提供帮助并且优于其他产品的物理特性。好处是指作用或优势会给客户带来的利益。

当使用FAB技巧追加销售时，我们可以使用更好的表达方式，例如，“这意味着”“这将赋予您”“这将给您带来”等。

案例2—6：

我们的座椅是由真皮材质手工缝制的，拥有座椅记忆和座椅通风等功能（这是对产品特征的描述），不仅功能强大，更赋予您不一样的乘坐感觉（这是产品的优点），带给您尊享的体验（这是产品带给客户的好处）。

通过FAB法解释产品，服务顾问可以借助符合客户要求的优点开展销售工作。

2. 客户异议处理

并不是所有的客户都愿意购买额外的服务或他们会给出不购买的理由，这些理由有些是真实的，有些只是心理方面的。

一般克服异议的有效步骤包括以下4步：

（1）认同客户担心的问题。在这个环节，服务顾问要确认听到了客户的异议并表明了解异议，强调客户的忧虑非常合理和重要。例如，可以说“我非常理解您的担心”。

（2）询问并确认客户真正担心的问题。在这个环节，服务顾问要通过提问题查找客户产生异议的原因。例如，可以询问“您能具体描述一下吗”或者“您的意思是……”。

（3）回应客户真正担心的问题的解决建议。在这个环节，服务顾问要重述FAB，确保产品好处能解决客户担心的问题。可以利用之前讲过的FAB技巧来介绍产品。

（4）接受客户的最后决定，并表示理解。即使客户最后决定不购买，也要欣然接受客户的决定。优先建立信任关系。例如，可以说“好的，我给您登记上，在您下次来时会再次提醒您更换刹车片”。

第六节　质检

稳定的维修质量是保证维修业务持续稳定发展的基础，是企业品牌宣传的重要保障。通过质检环节，为客户进行维修质量把关，充分体现专业质检人员与严格的质检流程所带来的价值。在维修过程中及维修结束后认真对质量进行监督，能够降低客户投诉和不满，减少返修率，提高企业工作效率。

一、质检流程

在质检中执行三检制度，自检，由维修技师完成；复检，由班组长完成；终检，由质检员完成。质检流程如图 2—9 所示。

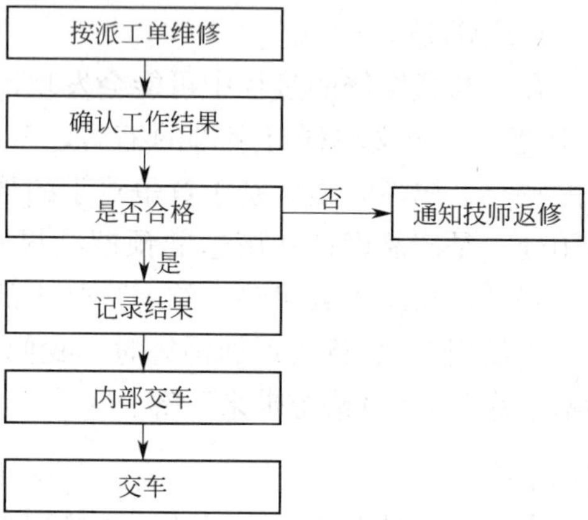

质检员针对不同类型的项目进行不同的总检项目，之后完整填写质检登记表；质检员检查旧件的存放方式和位置，查看所有表单。客户如需洗车，质检员按洗车单要求及时安排洗车，并通知服务顾问。

按派工单维修
确认工作结果
是否合格　否　通知技师返修
是
记录结果
内部交车
交车

图 2—9　质检流程

二、质检要点

（1）质检项目主要包括维修技师已经进行的维修项目、更换的配件、车辆的清洁情况等，如果有必要，则要进行路试。质检员要在维修单上签字确认。

（2）质检环节要标明详细的时间。

（3）对于检验不合格的维修车辆，应及时通知车间返工或返修，并填写返工或返修记录单。同时将不合格卡放在未通过质量检查的车辆上。复查合格后，取下不合格卡。

（4）如果是返修或投诉，要由维修经理确认所完成的交车准备工作。

（5）车间主任在维修进度管理板上记录作业完工情况，把更换的配件、施工单、车钥匙交给服务顾问。在车辆上摆放“完工检查完毕”的标志，有助于可视化管理。

第七节　交车

通过交车环节，有利于解除客户对维修过程和费用的疑虑，提升客户对经销商服务水平的认可度和信心，同时也是经销商向客户展示维修效果的好时机。在交车环节中，可以将交车分为内部交车和客户交车两个部分。

一、内部交车流程

内部交车是指服务顾问对维修后的车辆进行确认和检查，确保故障已消除，维修委托书中的要求要全部满足。内部交车的目的是避免在交车时发现维修过程中有瑕疵。通过内部交车，规范维修操作，减少交车环节客户的等待时间，体现物超所值的服务。

1.修后自检

（1）服务顾问首先要就车辆维修质量状况向相关人员进行了解。包括了解维修故障诊断情况、故障原因、质量状况、存在的问题以及一些配件的剩余使用寿命等内容，做到对维修车辆的最新情况了解，保证在客户接车前纠正可能出现的问题，在交车环节能够解决客户的异议，提供全面的服务。

（2）检查实际维修项目、交车时间、费用是否与维修单上的内容相符。

2.车辆清洁

确认将客户车辆内外清理干净，没有机油、抹布、松动的零件等，尤其是一些细节。例如，烟灰盒中的烟灰必须倒掉，座椅要恢复到原来的位置，时钟要调正确，后视镜要恢复到原来的角度等。

3.材料准备

检查文件、签名、钥匙等是否齐全。打印“维修结算单”（见表2—3），填写“用户手册”。如果客户要带走旧件，则提前准备好，然后通知客户可以交车。在打印结算单时，服务顾问确认所有需要客户付费的项目都已经列在结算单上，并确认结算价格与当初的预估价格相符，浮动上下不大于10%，不同的业务类别分别打印。

表2—3　　维修结算单

结算日期：　/　/　/

客户名称		委托书号		发票号	
底盘号		送修日期		牌照号	
车型名称		行驶里程		发动机号	
联系人		电话		移动电话	

维修项目

维修类别	项目代码	项目名称	工时	工时费

应收工时费：　　实收：

配用材料

出库类别	备件代码	备件名称	批号	数量	单位	金额

应收材料费：　　实收：

管理费：　　辅材费：　　其他费用：

施救费：　　包工费：

总金额		已收金额		欠收金额	

续表

共计收款		大写	

地址：　　　　　　　　　　开户行：
邮编：　　　　　　　　　　账号：
电话：　　　　　　　　　　税号：
结算：　　　　　　　　　　户名：
服务经理：　　　　　　　　下次维护里程：　　　km
是否接受回访：是　　否
下次维护时间：
方便接听电话时间：

建议维修项目			
项目代码：	项目名称：	工时费：	工时：

客户签名：＿＿＿＿＿＿

二、客户交车流程

维修完工后及时通知客户取车，在客户取车时，服务顾问陪同客户看一下维修完毕的车辆。

服务顾问要向客户展示车辆维修成果，采用通俗易懂的措辞向客户解释维修内容，并出示派工单。

（1）解释所有已进行的免费服务或增值服务，例如，为客户的车门铰链进行了免费润滑。

（2）对照维修结算单向客户解释费用构成。

（3）从方便客户、关爱客户的角度出发，向客户建议避免发生事故的方法。例如，“轮胎气压不足会增加燃油消耗，同时造成轮胎磨损严重，特别是在高速行驶时，要关注胎压，保证胎压正常”。

（4）提醒客户维修过程中发现但未排除的故障。如果可能，要给出报价。如果发现的故障涉及安全性缺陷，应极力向客户解释未排除故障的危害。例如，“您车的摩擦片只剩下4毫米，只能行驶6 000～7 000千米，一定记住及时更换，否则，制动效果会降低，也会造成制动盘磨损。”

陪同客户进行结算。引导客户到收银台，告知4S店的结算方式，并询问客户付费方式。

陪同客户到竣工停车区，当着客户的面取下防护用品，将车辆资料交给客户，告知客户下次保养日期、里程，送客户出4S店。

案例2—7：

张先生是一位非常急躁的人，这天他的越野车发动机冷却液出现沸腾现象，经检查是发动机气缸垫损坏。张先生下午1点还要到200千米外的地方谈一笔生意，因此他希望在这之前将车修好。当时是上午9：00，更换气缸垫的时间绰绰有余的，因此答应了张先生的要求。张先生离开后，维修人员马上开始维修工作，一切顺利。11：20气缸垫更换完毕。试车感觉冷却液温度表指示比正常值高一点，但没有沸腾。经过检查，分析是散热器有小部分堵塞，对于这种情况，若控制好车速发动机可能不会沸腾。这时已是12点多了，张先生来提车了，服务顾问告诉他车辆存在的问题，拆装及清洗散热器至少需要2小时。张先生一听就急了：你们怎么答应的，耽误我的生意谁负责？不行，我先开车走，回来再修。经过耐心的说服工作，告诉他这样行驶的危害，张先生终于同意继续维修，并联系了另外一辆车去办事。第二天，将完好的车辆交给张先生，并再次向他表示歉意，张先生的一句“带‘病’车不能上路”，也算对服务顾问坚持原则的肯定。

第八节　跟踪回访

一、回访目的

跟踪回访是维修企业获得信息反馈的重要手段，通过回访可以及时了解客户在进行保养、维修服务过程中的真实感受，检验维修和接待服务质量，及时发现客户的潜在不满意问题并进行解决，从而减少客户投诉，找出改进工作的措施，以利于今后工作的顺利开展。

二、回访流程

跟踪回访可以通过电话或者调查卡进行，一般通过电话进行。维修完成3天内与客户进行联系。如果客户满意，感谢客户，并欢迎客户继续光临。如果客户不满意或投诉，对客户提出的问题必须当天反馈。必要时向服务经理汇报，由服务经理与客户联系，属于维修质量问题要返修，属于服务态度问题的要向客户表示歉意。这样从预约到跟踪回访形成一个闭环过程。

三、回访要点

（1）在服务结束后的3天内与客户取得联系，向客户征求真实的反馈意见。须在客户方便的时间拨打电话。

（2）对于客户的不满意和投诉，要填写“客户投诉处理单”（见表2—4），并将情况转达给服务主管，由服务主管分配给服务顾问进行处理，直至客户满意为止。对需要改进的项目详细记录，并转交相关部门处理。

（3）回访后在客户档案中进行备案，填写好回访记录表。

（4）每周（月）对回访结果进行总结分析，内部持续改进，以提升客户满意度。

表2—4　　客户投诉处理单

投诉人姓名		联系方式	
车牌号码		车型	
购买日期		行驶里程	
车架号码		发动机号码	
客户投诉来源	□客户　　□RSSC	□CRM　　□其他	

续表

客户投诉日期	
客户投诉问题：□质量　　□服务　　□配件　　□销售　　□其他	
调查结果： 调查人：　　日期：	
处理结果： 处理人：　　日期：	
电话回访结果：□非常满意　　□满意　　□一般　　□不满意　　□很不满意	
投诉原因分析：	
改进措施：	
对被投诉者的意见：	
填表人：　　经理签字：　　日期：	

案例 2—8：

客服专员："马先生，您上周来做过维护，请您对我们的服务进行评价。第一个问题……"

马先生："好好好，都满意，让你们那个服务顾问小张把我要的零件订好，尽快给我换上。"

客服专员："马先生，感谢您的评价。我会让小张尽快与您联系，祝您工作愉快，再见！"

四、跟踪回访时常见客户异议及处理

客户跟踪回访环节经常会遇到客户异议，甚至客户投诉，如何及时、正确地处理客户异议就显得非常重要。

客户："为什么保养后不久又出现了问题？"

客服专员："由于这些问题给您造成的不便，我们感到非常抱歉。我们会立刻对您的车进行检测。由于造成车出现故障的原因有很多，在检测结果出来之后，我们会尽快给您一个满意的答复和解决方案。"

客户："你们是怎么修车的，同样的问题都修了好几遍？你们到底能修好吗？"

客服专员："十分抱歉给您造成不便，我们会对您的车再做一个全面的检测，请放心，您会在最短时间内得到圆满的答复。”（如是4S店维修质量问题，再做一些道歉，与客户协商可以接受的方案。如不是4S店维修质量问题，礼貌地向客户解释检测结果，取得客户谅解。客户认同后，提出解决方案。）

客户：“我的车很好啦，你们为什么老是打电话来呢？我很忙。”

客服专员：“非常抱歉在这时打扰您，只有两个问题，想占用您一点儿时间。第一个问题是您的车在保养（维修）之后是否运行良好？第二个问题是您对我们的服务满意吗？”

案例2—9：

一汽丰田公司服务流程七步法

没有规矩不成方圆。规范对于一家企业而言意味着能够形成标准化、规范化的管理体制。各汽车生产商都制定了服务流程，“服务流程七步法”是一汽丰田每个服务顾问的工作准则，它令客户接受的每一次服务不会因为不同的4S店、不同的服务顾问而有任何差异，保证为客户提供的每一次服务都透明而规范。

第一步：预约。

客户打电话到4S店，告知客户资料，说明需要进行的维修项目，约定一个合适的时间。在约定时间之前24小时，一汽丰田4S店会给客户打来确认电话，以提醒客户。

由于一汽丰田有着完备的计算机信息记录系统，因此，客户只要曾经在该店接受服务的历史，他的车型资料包括维修、保养记录都可以很快地确定，避免了反复向客户询问车牌号码、上次保养里程等常用信息。

第二步：接待。

客户在约定时间来到4S店，首先与服务顾问一同进行环车检查，服务顾问把车辆情况一一记录。看似程式化的流程，在怀疑维修中造成损伤情况时，可以更加清楚地分清责任，避免出现争执。

检查之后，服务顾问通过预约单与客户确认服务内容。客户可以提出自己的要求，就疑问进行咨询，服务顾问进行解答并告知具体服务内容及用时。

第三步：写下修理要求。

服务顾问将修理内容填在修理单上，并将估算所需的费用和时间写上，客户在确认无误后签字确认，并保留副本。

在咨询了自己希望了解的内容，并签署了修理单后，客户在服务顾问的陪同下来到休息区，在这里观看车辆维修的全过程，并可以使用休息室内丰富的娱乐项目。

第四步：派工和生产。

车辆在维修过程中，维修人员如果发现一些新的故障或情况，这时服务顾问会及时与客户沟通，询问客户的处理意见，并告知相应的费用及所需延长的维修时间。在这里客户的决定是主要因素，服务顾问只是给出合理的建议，客户可以根据自己的实际情况决定是否追加作业。

第五步：质量控制。

在车辆维修完成后，服务顾问会根据维修单的记录对车辆的作业情况进行检查，并按入场时环车检查的情况，对照检查车辆是否在维修过程中受到损伤。

第六步：交车前说明。

服务顾问会将修理结束的情况一一报告给客户，在确认客户没有其他疑问后，服务顾问会陪同客户到停车处对作业质量进行检查，同时对客户使用车辆提出建议。客户确认车辆状况，付款结账。从服务顾问手中取回钥匙及保修手册后，驶离4S店。

第七步：跟踪回访服务。

服务人员会在客户方便的时间进行电话回访，回访电话不仅向客户询问故障解决情况，还要咨询客户的意见和建议，对服务质量进行监督。

第九节　汽车维护常识

一、汽车外观的维护

1. 及时清洗车辆

清洗车辆时最好使用汽车专用清洗剂和碱性小的肥皂，不能用去污粉和洗衣粉等碱性大的洗涤用品，否则，在洗掉灰尘的同时会加速涂膜表面老化，使车辆失去光泽。注意雨后及时擦车，城市空气污染，车辆被雨淋湿后如不及时将雨水擦掉，当车辆被强烈的阳光照射时容易出现斑点，并且使表面光泽度下降。

2. 塑料件的清洁方法

现代汽车外观使用塑料件较多。对涂漆的塑料件，更要使用较好的清洗剂。上蜡时不能过重，以防止穿透涂膜露出底色。

3. 注意镀光金属件的维护

对镀光金属件，清洗时应使用炭精清洁剂，不能使用硬质器具刮除污物。镀光件也应定期上蜡，以保护镀层不被氧化。

4. 防锈处理

汽车涂漆和电镀的部件一般都具有良好的防锈能力，但是车体上的焊点、接缝以及受过擦伤的部位则容易生锈。因此，车辆在使用一段时间后应进行必要的防锈处理。要定期检查排水口，保持其畅通。对于底盘，要视其情况及时进行油漆防护。

二、发动机的定期维护

1. 发动机机油的更换

如果说燃油是汽车的“食物”，是汽车产生动力的源泉，那么润滑油则是汽车的血液，是汽车动力装置清污、降温、润滑的“卫士”。发动机机油会润滑发动机的各运动部件，清洁发动机，使发动机保持在良好的状况下工作。发动机机油的黏性可以保证发动机足够的密封性，以及使发动机维持正常的缸压。发动机所有的磨损都可以通过发动机机油来减轻。现在市场上发动机机油品种繁多，性能良莠不齐，选择一种适合的发动机机油非常重要。在选择润滑油时，一是注意润滑油的黏度；二是注意润滑油的性能等级，这两个方面是非常重要的。

发动机机油可以根据黏度大小分成5W、10W、20W、30、40等若干等级，排序越靠前的黏度越低，其中带“W”的表示冬季用油，30 和 40 是夏季用油。只符合上述某个黏度等级的机油称为单级油，在使用单级油时，应在冬夏换季时更换相应的机油。许多发动机机油也可以同时符合两个黏度等级，这样的机油称为多级油。如 SAE10W—30 既可以作为 10W 号用于冬季，也可以作为 30 号用于夏季。

在性能等级方面，发动机机油根据品质性能的好坏分成若干等级，即 API 等级。其中汽油机机油分为 SA、SB、SC、SD、SE、SF、SG、SH、SJ、SL 等质量等级。柴油机机油分为 CA、CB、CC、CD、CE 等质量等级。在不同的质量等级中，排序越靠后的质量等级越高，主要是抗氧化性、清洁分散性和耐腐蚀性好。在选择上，应选用一些性能等级较高的发动机机油。实际上，应根据具体情况进行分析，根据车的型号、性能选择发动机机油。

2. 发动机机油滤清器的更换

发动机机油滤清器是清除机油中油污和金属颗粒的部件，串联安装于机油泵出口与主油道之间。如果发动机机油滤清器没有按时更换，滤清器堵塞，机油就不能流过滤清器，使滤清器的释放阀开启，将脏的机油送入发动机，会造成发动机相关部件磨损加剧。如图 2—10 所示为拆开滤清器外壳后的滤芯，从外观上看颜色差别非常大。

a)　　　　　b)

图 2—10　机油滤清器滤芯新旧对比

a）旧滤芯　b）新滤芯

发动机机油滤清器的更换间隔随车型及使用状况而不同，需要参照相应车辆的维修手册。

3. 发动机冷却液的更换

发动机冷却液的作用包括：防止冷却系统部件生锈；防止发动机过热。已经使用一段时间的冷却液虽然目测没有变化，但是其内在防锈性能会降低，散热器、管路、软管等将会损坏。

冷却液通常根据行驶里程或时间长短来更换，一般更换周期为每 40 000 千米或 2 年，因车型不同而略有不同。

三、轮胎的维护及正确使用

轮胎是汽车接触地面的唯一部件，车辆的操控性能、乘坐者的舒适性、车辆行驶的安全性等诸多因素都会体现在轮胎上，使用状况良好的轮胎会增加客户的驾驶乐趣，同时也会使客户得到良好的安全保障。只有对轮胎爱护有加，合理地驾驶车辆，才能使轮胎保持良好的运行状况。维护及正确使用轮胎应注意以下事项：

1. 保持合适的轮胎气压

行驶时应保持合适的轮胎气压。前轮、后轮、备胎的气压标准有可能不一样，要严格遵循汽车制造商所提供的车辆使用手册中的轮胎气压数据。通常轮胎气压也会在车辆门柱等部位用标签标出。在车辆使用中，应至少每个月检查一次所有轮胎（包括备胎）的气压。检测轮胎气压要在轮胎冷却时进行，也就是要在汽车停驶一段时间后进行。

2. 经常检查轮胎状况

经常检查轮胎，及早发现轮胎是否有鼓包（见图 2—11）、裂缝、割伤、扎钉、气门嘴橡胶老化和不正常的轮胎磨损等情况。特别应注意检查轮胎胎面及轮胎边缘的磨损，因为这有可能是定位不良或轮胎气压不正常情况下行驶造成的，而停车时造成的剐蹭也会使胎侧产生不正常的磨损。如果发现上述任何一种情况的损坏，必须请专业人士检查轮胎。长期在不合适胎压下行驶，不仅会造成轮胎早期磨损，还会影响车辆的驾驶性能，如胎压低会使燃油消耗增加，胎压过高会危害车辆的底盘系统。驾驶过程中应防止油、酸、碳氢化合物侵蚀轮胎。

3. 轮胎磨损到磨损指示标记时应停止使用

在胎面花纹沟槽深度 1.6 毫米位置处有磨损指示标记（见图 2—12），当轮胎磨损至此标记时必须予以更换。使用超过磨损指示标记的轮胎是危险的，特别是在潮湿路面行驶时，因为此时轮胎的排水性能已经大大降低了。

图 2—11　轮胎鼓包

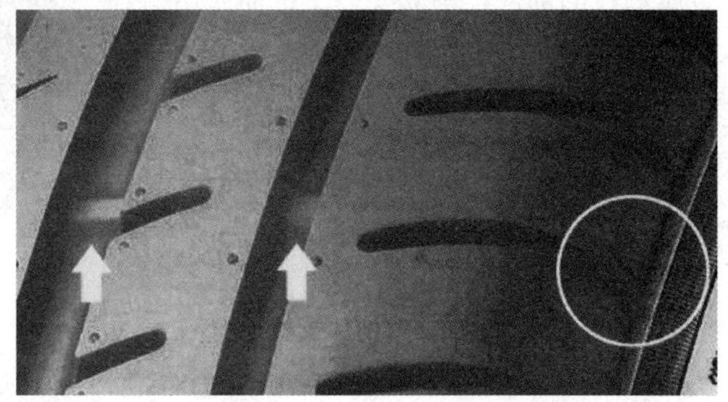

图 2—12　轮胎磨损指示标记

4. 车轮定位和动平衡有利于保证轮胎的安全及延长轮胎的使用寿命

如果车辆轮胎磨损不均匀，如轮胎胎肩磨损快于胎面其余部分，或者如果发觉行驶过程中存在过度抖动，那么车辆可能存在定位不良或不平衡。这些情况不仅会缩短轮胎使用寿命，而且会影响车辆的操控性能，可能出现危险。因此，如果发现轮胎不规则磨损或抖动，应马上检查车轮定位和动平衡。

5. 轮胎换位

为了获得最佳的轮胎磨损状况，轮胎换位是必需的。可参考车辆制造商提供的使用手册进行轮胎换位。在每个月检查轮胎时，如果发现轮胎有不规则磨损，即使行驶里程不足，也应该提早换位，并及时检查车轮定位和平衡，查明导致轮胎不规则磨损的原因。对有方向性花纹的轮胎换位时，应观察轮胎胎侧箭头指示方向，该箭头指示轮胎应旋转的方向，注意保持轮胎的旋转方向正确。

6. 高速行驶前警惕轮胎状况

在高速行驶时，轮胎可能撞击坑洞或其他外界异物，导致轮胎在冲击物与轮圈凸缘间产生严重的挤压变形，可造成帘子布断裂，轮胎内部的空气则从断裂处形成鼓包。如发生这样的情况，应及时更换有鼓包的轮胎。在高速行驶时轮胎内的温度和压力呈非线性增长，爆胎的几率会大大增加。因此，驾驶时车速不应过快，在转弯时保持合理的车速，当遇到前方道路有坑洞或障碍物时应减速慢行，并尽量绕行。

四、制动系统的维护

1. 制动液的更换

制动液的作用是将驾驶员的制动力传输到汽车制动器上。如果制动液变脏，黏度增大，会直接影响车辆的制动力，具体表现为制动过“软”。制动液具有吸水性，可以吸收空气中的湿气使沸点降低。当制动产生热量时，制动液沸腾产生气泡，会发生“气塞”现象吸收了部分施加在制动分泵上的制动力，使制动效能下降。

因此，每行驶 2 万～4 万千米应更换一次制动液。

2. 制动摩擦片的检查及更换

制动系统中需要定期关注制动液外，还有易损件——制动摩擦片，如图 2—13 所示。车辆在行驶过程中，道路上的沙石经常被卷入制动系统，高速冲击制动片，引起制动片磨损不均匀。前轮磨损不均匀，在制动时车辆会发生抖动现象；后轮磨损不均匀，在制动时则感觉制动力量不足，系统反应迟钝。因此，应定期检查制动片的磨损程度，看其厚度是否符合安全标准，表面磨损是否均匀。在制动摩擦片的背面安装有摩擦片磨损指示器，当摩擦片磨损指示器接触到转子盘时发出噪声，提示制动摩擦片的磨损已经达到极限，需要更换。当制动摩擦片的剩余厚度不足 1.0 毫米时，必须进行更换。

图 2—13　制动摩擦片

3. 改掉不良的驾驶习惯

不良的驾驶习惯会加速制动系统的损耗。例如，制动后仍然踩制动踏板，而不去拉紧驻车制动，制动总泵长时间处于高压状态，总泵皮碗与活塞之间磨损加大，从而导致泄压，影响车辆的制动性能。

五、自动变速器的维护

自动变速器是一个非常精密的总成，其结构相当复杂，一旦发生故障，维修起来十分麻烦。自动变速器内注入的是一种称为 ATF 的润滑油，其作用除了润滑、降温，更主要的作用是通过润滑油的流动传递转矩。ATF 的工作温度一般在 140 ℃左右，因此对其质量的要求很高，必须保持清洁。

如果自动变速器中的 ATF 脏了，首先使 ATF 的抗磨效果降低，从而大大影响各部件的使用寿命；其次，变脏的 ATF 中油泥、积炭会加大各摩擦片和各部件的磨损，而且还影响系统油压，使动力传递受到影响；最后，变脏的 ATF 中油泥、积炭会使各阀体油管中的油流动不畅，油压受影响，从而使自动变速器提速慢或失速，严重时还会使某个挡位无油压，导致“烧片”，使动力无法传递。

传统的自动变速器维护方式是拆下自动变速器油底壳螺钉，放油，换油。但这样最多能换掉 30%的油，70%的脏油仍残留在变速器中，新油加入后很快就被污染。如果采用自动变速器清洗及维护设备，不仅换油彻底（达到 100%），而且利用设备特有的流速、压力，能完全清洗自动变速器内的油泥、积炭。如果在 40 000 千米对自动变速器进行清洗及维护，可以使自动变速器长期保持最佳的工作状态。

六、汽车电气系统的定期维护

1. 汽车空调的维护

由于工作环境复杂，相对于家用空调，汽车空调更需要定期维护。

（1）检查压缩机传动带。如果传动带表面与带轮槽接触侧面光亮，并且启动空调时有“吱吱”的噪声，说明传动带打滑严重，应更换传动带和带轮；如果传动带过松，应予以调整，否则易使空调系统制冷不良。注意检查空调系统软管接头是否有油迹，如发现渗漏，应及时维修。

（2）清洁冷凝器。汽车空调冷凝器表面的清洁便于使热量散发到外界，所以定期清洁冷凝器表面可大大提高空调系统的制冷效果。

（3）检查制冷剂液面高度。利用干燥器的观察窗可以检查制冷剂液面高度。玻璃窥视孔通常安装在干燥器的盖子上面，运转发动机和空调系统时，可透过玻璃窥视孔观察制冷剂的流动情况。如果空调工作正常，可看到清澈的制冷剂在不停地流动，并且在高温时还偶尔夹带着小气泡，在关掉空调系统时能够看见小的气泡。

（4）冷却液要充足。可通过感觉干燥器入口管路和出口管路之间的温度差来估量冷却液是否充足，或者通过歧管压力表进行检测。

2. 刮水器和喷洗器的检查

刮水器上安装的橡胶件时间长了会逐渐老化和磨损。黏附在风窗玻璃上的细沙或灰尘颗粒会侵入橡胶件，使橡胶件产生划痕，这样，当刮水器再动作时，也会在风窗玻璃上留下划痕。因此，要经常检查、清洁刮水器。

不同成分的玻璃水有不同的凝结点，应根据不同地区及不同季节选用合适的玻璃水。

七、汽车磨合期的用车常识

一般来讲，新车的轮胎必须经过 200 千米以上的行驶摩擦才能达到最佳附着力，制动片必须经过 400 千米以上的行驶才能达到理想的摩擦力，全车各部位的运动摩擦件需经过 1 000 千米以上的磨合才能建立起良好的配合关系。新车零件表面平整度、承载面积、配合关系都没达到设计的理想程度，特别是汽车发动机总成的机、电、油、水、气各系统工况没有达到最佳使用状况，因此，新车需要一定时期的磨合。

磨合期应注意以下事项：

（1）行驶宜慢不宜快。新车磨合时速度应控制在60～80千米/小时。

（2）冷起动时要预热汽车。冷起动时最好使水温表指针预热到刻度线中间，冷却液温度达到40 ℃以上再缓缓起步上路。

（3）要避免满载或超载。满载或超载对新车机件损害都很大，必须按车型的载重规定减载，以不超过规定载质量的70%为宜。

（4）尽量避免紧急制动。紧急制动是不良的驾驶习惯，特别对新车的发动机、制动系统和底盘的冲击损伤很大。行车中应提前处理情况，减速减挡；如确实有突发情况需要紧急制动，也应先踩下离合器踏板，以减少对发动机的冲击损伤。

（5）要坚持例行检查。新车一定要坚持例行检查，提前发现和排除问题，以防后患。一要检查润滑油、制动液、蓄电池电解液、冷却液、轮胎气压，一旦发现缺少应及时补充，发现泄漏应及时检修；二要检查汽车各部位有无不正常的响声，发现异响及时检修；三要检查汽车仪表盘，行驶中发现警告灯亮或有故障提示，应及时检修。

复习思考题

一、判断题

1.服务顾问在电话铃响5声之内要接起。（　　）

2.主动预约是客户先与经销商进行预约，从而节约客户的等候时间。（　　）

3.服务顾问应陪同客户一起进行环车检查。（　　）

4.服务顾问要监控时间安排，确保按承诺的时间交车。（　　）

5.内部交车的目的是避免在交车时发现维修过程中有瑕疵。（　　）

二、思考题

1.为什么要向客户宣传预约的好处？

2.维修完成后，为什么要进行跟踪回访？

第三章　客户满意度管理

学习目标

1. 掌握客户满意及客户满意度的概念。

2. 了解提升客户忠诚度和进行客户关怀的措施。

3. 掌握客户投诉处理的流程及处理技巧，能够顺利解决客户异议，平息客户不满。

4. 了解客户关系管理的概念和内容。

5. 了解客户满意度调查的方法及注意事项，能够完成满意度调查。

作为企业，在为客户提供服务的同时，也应不断地了解客户对于服务的期望值，而后根据自己对于客户期望值的理解为客户提供服务。汽车售后服务业的发展壮大与客户满意度密切相关，只有清楚客户的需求，让客户满意，企业才能立于不败之地。

第一节　客户满意度概述

一、客户满意及客户满意度

1. 客户满意

客户满意就是指客户通过对一种产品的感受与其期望值比较，所形成的愉悦或者失望的感觉状态。满意水平是可感知效果和期望值之间的差异函数。如果效果低于期望，客户就会不满意；如果可感知效果与期望相匹配，客户就满意；如果可感知效果超过期望，客户就会高度满意。

可将客户满意划分成三个层次，即产品满意、服务满意和社会满意。

产品满意是指企业产品带给客户的满足状态，包括产品的内在质量、价格、设计、包装、时效等方面的满意。产品的质量满意是构成客户满意的基础因素。

服务满意是指产品售前、售中、售后以及产品生命周期的不同阶段采取的服务措施令客户满意。这主要是在服务过程的每一个环节上都能设身处地地为客户着想，做到有利于客户、方便客户。

社会满意是指客户在对企业产品和服务的消费过程中所体验到的对社会利益的维护，主要指客户整体社会满意，它要求企业的经营活动有利于社会文明进步。

2.客户满意度

客户满意度是对客户满意做出的定量描述，指客户对企业产品和服务的实际感受与其期望值比较的程度。客户满意度是一个变动的指标，能够使一个客户满意的东西，未必会使另外一个客户满意；能使客户在一种情况下满意的东西，在另一种情况下未必能使其满意。只有对不同的客户群体的满意度因素非常了解，才有可能实现100％的客户满意。

客户满意理念，即企业的全部经营活动都要从满足客户的需求出发，以提供满足客户需要的产品或服务作为企业的责任和义务，以满足客户需要、使客户满意作为企业的经营目的。客户满意理念是对以“消费者为中心”理念的发展，它要求企业把客户的现实需求与潜在需求作为企业开发产品和服务项目的源头，在市场营销全过程及其各个环节中都要尽最大可能满足客户需求，并且要及时跟踪研究客户的满意度，据此设立改进项目和目标，调查企业的经营环节，以此稳住老客户，发展新客户。

二、影响客户满意度的因素

要想满足客户的各种需求，就必须熟悉客户，了解客户，即要调查他们现实和潜在的要求，分析他们购买的动机和行为、能力及水平，研究他们的消费传统、习惯、兴趣和爱好。

汽车售后服务中影响客户满意度的因素主要体现在服务启动、服务顾问、经销商设施、服务质量四个方面。

1.服务启动

影响客户满意度的因素体现在以下几点：

（1）维修保养安排的便利性。

（2）能否灵活地安排客户希望维修、保养的时间。

（3）接车过程是否迅速。

2.服务顾问

影响客户满意度的因素体现在以下几点：

（1）服务顾问能否礼貌、友善地接待客户。

（2）服务顾问是否能做到有求必应。

（3）服务顾问能否详细解释维修保养的内容和收费情况。

3.经销商设施

影响客户满意度的因素体现在以下几点：

（1）客户开车进、出经销商服务站是否容易。

（2）服务站所处位置是否便利。

（3）服务站是否干净整洁。

（4）客户休息区是否舒适。

4. 服务质量

影响客户满意度的因素体现在以下几点：

(1) 完成整个维修、保养所花的时间是否在承诺的时间内。

(2) 维修保养、完成得是否彻底。

(3) 维修、保养后的车是否干净并且车况良好。

三、客户满意级度

客户满意级度指客户在消费相应的产品或服务之后，所产生的满足状态等次。心理学家认为情感体验可以按梯级理论划分为若干层次，相应地可以把客户满意程度分成七个或五个级度。

七个级度包括很不满意、不满意、不太满意、一般、较满意、满意和很满意，见表3—1。

五个级度包括很不满意、不满意、一般、满意和很满意。

表3—1　　客户满意级度的表现和具体行动

客户满意程度	客户表现	具体行动
很不满意	愤慨、恼怒、投诉、反宣传	客户感到愤慨、恼怒，难以容忍，不仅会找机会投诉，而且还会利用一切机会进行反宣传以发泄心中的不快
不满意	气愤、烦恼	客户尚可勉强忍受，希望通过一定的方式进行弥补，在适当的时候也会进行反宣传，提醒自己的亲朋好友不要去购买同样的商品或服务
不太满意	抱怨、遗憾	客户虽心存不满，但想到现实就是这个样子，无法要求过高，于是也就默认了
一般	没有明显正、负情绪	客户没有明显情绪的状态，既说不上好，也说不上差，还算过得去
较满意	好感、肯定、赞许	客户内心还算满意，但比更高要求还相差较远，而与一些更差的情况相比，又令人安慰
满意	称心、赞扬、愉快	客户不仅对自己的选择予以肯定，还会乐于向亲朋好友推荐。自己的期望与现实基本相符，找不出明显的问题和遗憾
很满意	激动、满足、感谢	客户的期望不仅完全达到，没有任何遗憾，而且可能还大大超出了客户的期望。这时客户不仅为自己的选择而自豪，还会利用一切机会向亲朋好友宣传和推荐，希望他人都来消费

客户满意虽然有层次之分，但界限模糊，从一个层次到另一个层次并没有明显的界限。之所以进行客户满意级度的划分，目的是供企业进行客户满意程度评价之用。

四、客户忠诚及客户忠诚度

1. 客户忠诚

客户忠诚是指客户对企业的产品或服务的依恋或信任的感情，它主要通过客户的情感忠诚、行为忠诚和意识忠诚表现出来。其中情感忠诚表现为客户对企业的理念、行为和视觉形象的高度认同和满意，行为忠诚表现为客户再次消费时对企业的产品和服务的重复购买行为，意识忠诚则表现为客户具有的对企业的产品和服务的未来消费意向。

2.客户忠诚度

客户忠诚度是指客户忠诚的程度，是一个量化概念。由于企业产品或服务的质量、价格等诸多因素的影响，使客户对某一企业的产品或服务产生感情，形成偏爱并长期重复购买该企业产品或服务的程度。

五、提升客户忠诚度的策略

1.建立客户数据库

为提升客户忠诚度而建立的数据库应具备以下特征：

（1）一个动态的、整合的客户管理和查询系统。

（2）一个忠诚客户识别系统。

（3）一个客户流失显示系统。

（4）一个客户购买行为参考系统。

企业运用客户数据库，可以使每个服务顾问在为客户提供产品和服务时，了解客户的偏好和购买习惯，从而提供更具针对性的个性化服务。建立和管理客户数据库本身只是一种手段，而不是目的。企业的目的是将客户资料转变为有效的营销决策支持信息和客户知识，进而转化为竞争优势。企业的实践证明，企业利润的80%来自于其20%的客户。只有与核心客户建立关系，企业稀缺的营销资源才会得到最有效的配置和利用，从而明显地提高企业的获利能力。

2.识别核心客户

识别核心客户最实用的方法是回答三个互相交叠的问题。

（1）哪部分客户最有利可图，最忠诚？注意那些对价格不敏感、付款较迅速、服务要求少、偏好稳定、经常购买的客户。

（2）哪些客户将最大购买份额放在企业所提供的产品或服务上？

（3）哪些客户对企业比企业的竞争对手更有价值？

通过对这三个问题的回答可以得到一份清晰的核心客户名单，而这些核心客户就是企业实行客户忠诚营销的重点管理对象。

3.超越客户期望，提高客户满意度

客户的期望是指客户希望企业提供的产品和服务能满足其需要的水平，达到了这一期望，客户会感到满意，否则，客户就会不满。所谓超越客户期望，是指企业不仅能达到客户的期望，而且还能提供更完美、更关心客户的产品和服务，超过客户预期的要求，使其得到意想不到的、甚至感到惊喜的服务和好处，获得更高层次的满足，对企业产生一种情感上的满意，从而发展成为稳定的忠诚客户群。

4.正确对待客户投诉

要与客户建立长期的、相互信任的伙伴关系，就要善于处理客户投诉。有些企业的员工在面对客户投诉时常常表现出不耐烦、不欢迎，甚至流露出反感的态度，其实这是一种非常危险的做法，往往会使企业丧失宝贵的客户资源。

5.提高客户转换成本

一般来说，客户转换品牌或转换卖主会面临一系列有形或无形的转换成本。对单个客户而言，转换购买对象需要花费时间和精力重新寻找、了解和接触新产品，放弃原产品所能享受的折扣优惠，改变使用习惯，同时还可能面临一些经济、社会或精神上的风险；对机构购买者，更换使用另一种产品设备则意味着人员再培训和产品重置成本。提高客户转换成本就是要研究客户的转换成本，并采取有效措施人为增加其转换成本，以减少客户退出，保证客户对企业产品或服务的重复购买。

6.提高内部服务质量，重视员工忠诚的培养

哈佛商学院的教授认为，客户保持率与员工保持率是相互促进的。这是因为企业为客户提供的产品和服务都是由内部员工完成的，他们的行为及行为结果是客户评价服务质量的直接来源。一个忠诚的员工会主动关心客户，热心为客户提供服务，并为客户的问题得到解决感到高兴。因此，企业在培养客户忠诚的过程中，除了做好外部市场营销工作外，还要重视内部员工的管理，努力提高员工的满意度和忠诚度。

7.加强退出管理，减少客户流失

退出指客户不再购买企业的产品或服务，终止与企业的业务关系。正确的做法是及时做好客户的退出管理工作，认真分析客户退出的原因，总结经验教训，利用这些信息改进产品和服务，最终与这些客户重新建立起正常的业务关系。分析客户退出的原因，是一项非常复杂的工作。客户退出可能是单一因素引起的，也可能是多种因素共同作用的结果。

六、客户关怀

客户关怀理念最早由克拉特·巴克提出，他认为，客户关怀是服务质量标准化的一种基本方式，它涵盖了公司经营的各个方面，从产品或服务设计到它如何包装、交付和服务。客户关怀能够有效地提高客户消费体验，具体表现在以下几个方面：高度满意的客户会更加长久地忠实于企业；会主动尝试企业更多的新产品，并购买价值更高的产品；为企业及其产品说好话，形成良性口碑；会忽视竞争品牌及其广告，并对价格变化反应平淡；由于更加熟悉，降低服务成本。

1.客户关怀的意义

通过客户关怀，企业逐渐培养出忠诚客户，使其建立客户忠诚。其意义体现在：

（1）客户忠诚有利于企业巩固现有市场。客户忠诚度高的企业对竞争对手来说意味着较高的进入壁垒，竞争对手必须投入大量的资金，这种努力通常要经历一个延续阶段，并且伴有特殊风险。这往往会使竞争对手望而却步，从而有效地保护了现有市场。

（2）客户忠诚有利于降低营销成本。对待忠诚客户，企业只需经常关心其利益与需求，在售后服务等环节上做得更加出色即可留住客户，既无须投入巨大的初始成本，又可节约大量的交易成本和沟通成本。同时忠诚客户的口碑效应能带来高效的、低成本的营销效果。

（3）客户不会立即选择新服务。客户之所以忠诚一个企业，不仅因为该企业能提供客户所需要的产品，更重要的是企业能通过优质服务为客户提供更多的附加价值。

（4）客户不会很快转向低价格产品。正如忠诚客户愿意额外付出一样，他们同样不大可能仅仅因为低价格的诱惑而转向新的企业。

2.培养忠诚客户的措施

对于汽车维修企业而言，当服务顾问向客户提供的优质服务使客户满意时，客户会再回

到经销店来重复购买，这种客户称为忠诚客户。

忠诚客户对企业具有极大的价值，但客户不会自动对企业形成忠诚，客户忠诚度是构筑在客户满意的基础之上。为此，企业在对忠诚客户进行市场培育过程中应注意采取以下营销策略：

（1）牢固树立“客户就是一切，一切为了客户”的营销宗旨。忠诚客户是企业最有价值的客户，是企业获得持续利润的基础。为此，企业要将其主要资源投放到保持和发展与忠诚客户的关系上，实施一对一的客户服务策略。

在满足忠诚客户现实需求的同时，还要超前于忠诚客户的潜在需求，积极主动地为忠诚客户提供他们可能没有意识到但客观上却存在需求的产品和服务。通过持续不断地向忠诚客户提供超期望值的产品和服务来满足他们的潜在需求和隐性需求。在让忠诚客户满意的基础上，努力增加客户购买的总价值，降低客户购买的总成本，为忠诚客户提供具有更多“客户让渡价值”的产品。

（2）建立全面的客户数据库和完善的客户关系管理系统。为了更好地为忠诚客户提供服务，企业应建立翔实有效的客户资料数据库，通过数据库来追踪客户的交易情况，并利用数据库技术开展广泛的统计、分析和数据挖掘，以此来有效地评价客户的忠诚度。

（3）认真听取客户反馈的意见和建议，妥善处理客户投诉。在企业的营销过程中，企业的服务总是难免有失误，服务失误伤害了客户的感情，必然会引起客户的不满、投诉甚至背离。但是，如果企业能够及时进行补救，如通过道歉、送礼物等方式向客户表达自己真诚的歉意，则可以重新赢得客户的信赖。

从时间上看，客户关怀活动包含在客户从购买前、购买中到购买后的客户体验的全部过程中。购买前的客户关怀会加速企业与客户之间关系的建立，为鼓励和促进客户购买产品或服务起到催化剂的作用。购买期间的客户关怀与企业提供的产品或服务紧紧地联系在一起，包括订单的处理以及各种有关销售的细节，都要与客户的期望相吻合，满足客户的要求。购买后的客户关怀活动，则集中于高效地跟进和圆满地完成产品维护的相关步骤，围绕着产品、客户，通过关怀、提醒或建议、追踪，最终达到企业与客户互动。企业对产品、客户及其变化趋势有很好的把握，能为企业进一步的产品升级、客户拓展达到积累资料的目的。售后的跟进和提供有效的关怀，可以大大增强客户对产品和企业的忠诚度，使客户能够重复购买企业的产品和服务。

例如，有的汽车售后服务企业为了更好地完善客户关怀，增加了善意补偿款和优惠索赔的内容。

善意补偿款是指汽车生产企业为了处理重大客户投诉而发生的相关费用。

优惠索赔是指敏感客户车辆在超过质量担保期发生的由于质量问题导致的车辆故障，汽车生产企业承担车辆的维修费用，但不包含任何其他额外的补偿。

通过对客户进行系统化的研究，持续不断地对客户进行关怀，提高其忠诚度，从而使企业与忠诚客户之间保持一种长期的双赢关系，以获取和保持企业长久的竞争优势。

第二节　客户投诉处理流程及技巧

在处理投诉前，要对客户投诉有准确的认识。投诉是客户的基本权利，应予以尊重，在对待客户投诉时应具备同情心，赢得客户的认同与信任。客户投诉最佳处理方式是争取双赢，也就是要同时符合企业和客户的利益。

客户投诉是指客户对企业产品质量或服务上的不满意而提出的书面或口头上的异议、抗议、索赔和要求解决问题等行为。客户投诉是每个企业都会遇到的问题，它是客户对企业管理和服务不满的表达方式，也是企业有价值的信息来源。因此，如何利用处理客户投诉的时机而赢得客户的信任，把客户的不满转化成客户满意，锁定他们对企业和产品的忠诚，获得竞争优势，已成为企业营销实践的重要内容之一。

一、客户投诉处理分类

客户投诉也在所难免，所以要对投诉认真分析、迅速处理，避免产生负面影响。为了更好地处理客户投诉，可以将客户投诉的原因进行分类，以便有针对性地处理。

客户投诉分为以下 4 类：

1. 对服务质量的投诉

对服务质量的投诉主要包括企业服务理念和服务制度存在问题，直接服务顾问、相关工作人员的态度有问题，以及与客户沟通不够导致的客户投诉。

2. 对产品质量的投诉

对产品质量的投诉主要包括由于销售人员没交代清楚、客户对产品了解不够或未按使用规范操作等造成的问题，由于设计、制造或装配过程所产生的质量缺陷与客户沟通不够导致的客户投诉。

3. 对维修服务的投诉

对维修服务的投诉主要包括因经销商维修技术欠佳，车辆故障未能修好；客户认为维修价格与期望相差太大；在维修过程中，未能及时供应车辆所需配件、维修不熟练或对维修工作量估计不足又未与客户沟通；由于配件质量差或未通知客户而使用了进口配件或副厂配件，用进口配件价格太高客户接受不了，用副厂配件客户认为被欺骗了而导致的投诉。

4. 客户自身问题造成的投诉

自身问题造成的投诉主要包括客户预期过高，结果不能实现；客户对服务条款理解有误，或故意刁难工作人员产生的投诉。

客户投诉的方式分为一般投诉和严重投诉。一般投诉是客户通过来电、面对面、回访及销售部门的信息反馈进行投诉，主要是向经销商或生产厂家投诉。而严重投诉主要是客户向行业主管部门、消费者协会投诉，或是借助电视、网络等新闻媒体表达不满，希望引起社会公众的关注，给厂家施加压力。

二、客户投诉处理管理

在处理客户投诉过程中，为保证客户满意度，应有专人负责。根据负责的级别和内容可分为投诉处理的管理者、执行人和督办人，各经销商也会结合自己企业的实际情况进行安排。

1.负责投诉处理的管理者

负责投诉处理的管理者一般由经销商的客服主管担任。其相关职责包括：负责投诉信息的汇总管理以及将直接获取的投诉信息分配给负责人；负责投诉处理进度的跟进、汇总与定期汇报；负责根据投诉处理督办人的意见对投诉进行回访，确保投诉彻底平息；负责对投诉处理结果及产生原因进行分析，并提出改进建议。

2.负责投诉处理的执行人

负责投诉处理的执行人一般由投诉涉及事项的部门或团队负责人担任，当投诉对象为某个员工时则由其直接上级担任。其相关职责包括：负责组织开展对投诉内容的调查、取证工作；负责投诉的处理工作，平息客户不满；负责每日将投诉处理的进度反馈给投诉管理人，以便其开展投诉进度跟进工作；负责将处理完毕的投诉产生的原因、处理方案、处理结果反馈给投诉管理人，以便其开展分析工作。

3.负责投诉处理的督办人

负责投诉处理的督办人一般由投诉处理执行人的直接上级担任。其相关职责包括：每天掌握投诉处理的进展情况，以便及时向处理执行人提供资源协调支持；根据投诉产生的原因、处理方案与结果，判断是否需要回访，并反馈给投诉管理人；根据投诉管理人提供的改进建议，组织制定有针对性的改进措施并落实。

三、客户投诉处理原则

在处理客户投诉时，虽然对不同程度的投诉实施区别管理，但是在处理客户投诉过程中应遵循的原则基本一致，主要分为基本原则和谈判原则。

1.基本原则

基本原则主要包括以下内容：

（1）首问负责原则，即由谁最初接待的客户，谁就负责到底，专人负责，及时处理，随时汇报进度。

（2）自我批评原则，即勇于承认自己的服务工作没有做好。

（3）责任归人原则，即将工作中发生的问题归类到工作人员身上。

2.谈判原则

谈判原则主要包括以下内容：寻求双方认可的服务范围，不做过度的承诺，争取双赢，必要时坚持原则。

对于重大质量问题、特殊客户（如媒体工作者、政府机关人员、社会知名人士等）、新购车客户的投诉，应及时向总经销商售后服务部门汇报。因工作人员自身服务引起的投诉，汽车售后服务企业应积极处理，防止事态扩大，总经销商服务部门将给予技术上的支持。汽车售后服务企业必须善于利用自身资源，把可能给汽车品牌和经销商造成的不良影响降到最低。

四、客户投诉处理流程

客户投诉处理的好坏直接关系到客户满意度，为保证服务质量，客户投诉处理流程可以按照6个步骤进行，即核实情况、确定事实、制定解决方案、沟通实施、跟踪处理、内部改进。

1.核实情况

对给客户带来的不便表示道歉，在谈话时保持冷静，安抚客户情绪；减少客户不必要的来回奔波；用开放式问题来了解事情的背景信息、投诉的真正目的及客户投诉原因；用自己的语言总结投诉问题，并确认理解正确。在这个环节的注意要点是：如遇严重投诉或失控情况发生，要及时向上级报告，寻求团队支持，如果有必要可邀请客户到安静处详谈，不仅显示对客户的重视，而且避免干扰其他客户。

2.确定事实

确认车辆的任何可疑症状，确定问题的原因与责任方。在这个环节的注意要点是：如遇产品品质或维修上难以处理的问题，应请求技术支援。

3.制定解决方案

不争论谁对谁错，协商出一个客户可以接受的解决方案；向客户解释处理问题的原因，并表示期待为客户解决问题；估计客户能够接受的程度，直接询问客户要如何调整或修改的解决办法。

4.沟通实施

立即采取行动；在处理过程中与客户关于进度、方案等问题进行沟通；问题解决后，立即通知客户；和客户一起检查车辆故障或投诉问题处理情况，确保客户对处理结果满意。

5.跟踪处理

在24～48小时内，通过电话了解客户是否满意；如果客户满意向客户表示感谢，如果客户不满意要再次进行合理的处理。

6.内部改进

通过例会进行检讨分析，共同探讨问题处理的情况，并以此作为经验分享的学习案例；投诉归档追踪和分析问题产生的根源，防止类似的问题再次发生。

五、客户投诉处理技巧

1.客户诉求

客户在投诉时诉求是多方面的，总结起来主要体现在以下4个方面。

（1）希望被认同、被尊重。客户需要服务顾问对其表现出关心与关切，而不是不理不睬或应付。客户希望自己受到重视和善待，希望与其接触的人是真正关心他们的要求或能替他们解决问题的人，客户需要理解和设身处地的关心。

（2）希望有人聆听。客户需要公平的待遇，而不是否认或找借口。倾听可以针对问题找出解决之道，因此要求服务顾问远离否认、借口。

（3）希望得到补偿。客户需要一个不仅知道怎样解决，而且负责解决的人，并且能够得到相应的补偿。

（4）希望迅速反应。客户需要迅速与彻底的反应，而不是拖延或沉默。客户希望听到“我会优先考虑处理你的问题”或“如果我无法立刻解决你的问题，我会告诉你我处理的步骤和时间”。

2.投诉处理技巧

面对不同的投诉诉求，运用相关的技巧来处理投诉使客户满意。

（1）稳定客户情绪，向客户传递正面信息。表情要自然放松、面带微笑，交谈或倾听时保持眼神交流，必要时要认同客户的情感，对其投诉表示理解。尽量和客户单独交谈，将情绪不稳定的客户请到单独的房间交谈，与其他客户隔离，这样不但可以稳定客户情绪，也可以避免造成负面影响。不与客户争辩，在顾客情绪不稳定时与其争辩得不到好的效果，这时更不能将自己的想法强加于客户，可以暂时转移一下话题。

（2）谈判技巧。与客户的谈判技巧见表3—2。

表3—2　　与客户的谈判技巧

方法	内涵
转移法	不作正面答复，以反问的方式提醒客户双方的责任
递延法	以请示上级为由，争取时间
否认法	客户所提问题有明显误解的地方，应予以否认
预防法	对可能要发生的事情先予以提醒

六、投诉预防

解决投诉最好的办法就是不让投诉发生，因此要进行投诉预防，将客户微小的不满意或抱怨扼杀在萌芽状态。客户投诉预防工作主要围绕以下4个方面展开。

1.售后服务工作标准化与落实到位

需要做到贯彻标准作业程序，同时提高维修质量、监控产品质量，定期进行员工培训，强化员工的服务意识与工作技能，同时做好日常业务的检查和现场督导工作。

2.预防措施和机制

要做到贯彻首问责任制，畅通客户投诉渠道，完善客户投诉处理机制和作业流程，同时部门主管与公司领导应重视对客户投诉的处理追踪。

3.客户关系的培养与巩固

注重流程中的情感营销，定期与客户沟通，在客户生日或节日进行问候；定期实施客户满意度调查，同时实施客户流失率调查追踪。

4.服务顾问能力和技巧

主要提升识别客户类型、把握客户期望值的能力，重视客户要求，掌握客户变化，同时定期组织培训，提升员工处理投诉的技巧与能力。

第三节　客户关系管理

西方工业界不断用各种工具和方法进行产业升级，包括流程优化、财务管理、IT技术和人力资源管理，目前进展到最核心的环节——营销，而客户关系管理（CRM）就是工业发达国家对以客户为中心的营销的整体解决方案。

一、客户关系管理概述

客户关系管理是通过管理企业与客户之间的关系来改善客户的体验，从而提高和保持客户满意度与忠诚度，同时通过流程优化、信息共享和业务协同来增加企业收益。客户是企业的一项重要资产，客户关怀是客户关系管理的中心，客户关怀的目的是与所选客户建立长期和有效的业务关系，在与客户的每一个“接触点”上都更加接近客户、了解客户，最大限度地增加利润和利润占有率。

世界范围内的所有企业都在经历一场未来怎样与现有客户及潜在客户进行交流和互动的深刻变革。客户关系管理作为网络技术和商业运作的成功结合，显示出良好的发展前景和市场潜力。

1. 客户关系管理的概念

简而言之，客户关系管理是一个获取、保持和增加可获利客户的过程。客户关系管理是一套先进的管理思想及技术手段，它通过将人力资源、业务流程与专业技术进行有效的整合，最终为企业涉及客户或消费者的各个领域提供完美的集成，使企业可以更低成本、更高效率地满足客户的需求，并与客户建立起基于学习型关系基础上的一对一营销模式，可以最大限度地提高客户满意度及忠诚度，挽回失去的客户，保留现有的客户，不断发展新的客户，发掘并牢牢地把握住能给企业带来最大价值的客户群。

客户关系管理的核心是客户价值管理，要通过不断地改善与管理企业销售、营销、客户服务和售后支持等与客户关系有关的业务流程，提高各环节的自动化程度，从而缩短销售周期，降低销售成本，扩大销售量，增加收入与盈利，抢占更多的市场份额，寻求新的市场机会和销售渠道，满足不同价值客户的个性化需求，提高客户忠诚度和保有率，实现客户价值持续贡献，从根本上提升企业的核心竞争力，全面提升企业盈利能力，使企业在激烈的竞争环境中立于不败之地。

对于汽车售后服务企业来说，客户关系管理的核心是企业将“以客户为中心”的理念体现在企业运营的每一个环节，处处为客户着想，为客户提供满意的服务，将企业的客户转变成为企业的忠诚客户。汽车售后服务企业为客户服务，就是要提供高质量的维修服务，包括亲切地与客户沟通、迅速完好地完成维修工作、遵循电话礼仪接待客户等，使企业的每次服务对客户来说是“将一件不愉快的事（汽车维修是因为车辆故障，是客户所不希望发生的事情）变为一件愉快的事”的过程。无论是汽车维修企业的管理人员，还是普通员工，都应该为客户提供优质的服务。

经营理念和认识上的落后是实施客户关系管理的最大障碍。汽车售后服务企业应冲破传统经营管理思想的束缚，从公司发展战略的高度认识实施客户关系管理的重要性。要用先进的理念教育员工，使公司上至决策层，下至一线员工都深刻认识到客户资源是企业最重要的资源，客户是企业生存和发展的基础，自觉地将“以客户为中心”的经营理念贯彻于工作的每个环节中，真正做到想客户所想、急客户所急。

2. 客户关系管理理念

客户关系管理是获取、保持和增加可获利客户的过程，是“以客户为中心”的管理理念的应用过程，是改善企业经营管理的思想方法。有效地管理客户是企业有利、有序、有度发展的保障。

(1) 服务方便。在信息时代，提供多种方式让客户自己选择，是用电话、网站、传真还是面对面等不同的沟通方式，均可方便地与企业接触取得产品或服务信息。对于汽车维修服务企业来说，为客户提供便利的服务，可采取的措施有很多，如企业的选址点要交通方便、24 小时营业、提供急救服务、提供代用汽车等。

(2) 服务人性化。人性化、直接的沟通才能使客户在与企业的每一次接触中都能得到亲切的服务，留下愉快的记忆。当企业和客户之间的关系纯粹是“给钱、交货”时，客户对企业的选择也只有“价格”，只要有更便宜的供应来源，客户就会流失，客户对企业毫无忠诚度可言。许多特约汽车维修企业都会遇到这种情况，客户在车辆过了质量保证期后，再也不会到原来的维修企业。出现这种情况，除了价格因素外，汽车售后服务企业应自我检讨，很可能是没有做到对客户的个性化服务。

(3) 服务差异化。企业要把每一位客户当作一座永恒的宝藏，而不仅是一次交易对象。所以必须了解每一位客户的喜好和习惯，并适时地提出建议。对于汽车售后服务企业来说，了解客户的生日并送上祝福；根据客户车辆的估计行驶里程来提醒客户安排定期维护等，这些个性化、差异化的服务是最能够打动和留住客户的。

(4) 立即反应。对客户需求的快速反应体现了企业的工作效率和管理的规范化水平。任何客户都不应被怠慢，立即反应是对客户的尊重，也能为企业带来更高的利润。

二、客户关系管理内容

目前多数汽车售后服务企业通过售后服务管理软件进行客户关系管理，具体包括客户档案管理、会员管理、跟踪回访管理、短信群发管理及紧急救援管理等，见表 3—3。客户关系管理系统不仅提供对车辆档案、客户档案、供应商档案、会员档案的详细记录，而且还实现了对新增客户、流失客户、新增车辆进厂率、流失率的分析。另外，在会员管理方面更加专业、清晰。对车辆档案中的车辆进行年审提醒、新车维护提醒、定期维护提醒、维修追踪、大修追踪，对客户的生日祝贺、驾驶证年审提醒、会员卡到期提醒、三包提醒、保险到期提醒等全方位提醒。

表 3—3　　客户关系管理实施内容

项目	具体实施内容
客户档案管理	客户档案管理是汽车维修的基础管理工作，也是企业生产、技术管理的基础工作 (1) 客户进厂后服务顾问当日要为其建立业务档案。包括客户信息、车辆信息、车辆维修历史等 (2) 客户档案由业务部门负责收集、整理和保管。应保持整齐、完整，便于查询
会员管理	制定一套完善的会员制度是留住老客户的常用方法之一，也是客户关系管理的一种有效手段 (1) 会员折扣就是为客户建立会员档案，然后为会员客户提供比普通客户优惠的消费折扣 (2) 会员积分制度则是让会员通过消费积累积分，享受长远的优惠待遇。其方法是为会员建立消费积分制度，当积分累积到一定程度时，可以用积分交换礼品，或者获得某种折扣优惠等。会员积分制度与会员折扣制度相辅相成，这是汽车维修企业最常用的会员优惠方法

续表

项目	具体实施内容
跟踪回访管理	客户服务部门应妥善处理跟踪回访和投诉解决，建立良好的客户服务关系，这对维修企业获得客户忠诚度是十分重要的 维修跟踪包括跟踪记录、投诉记录、客户维修满意度统计和投诉处理满意度统计 （1）跟踪记录是修理厂在客户维修结束后的一周内，主动联系客户，询问客户的评价、意见与建议。同时，对客户提出的问题进行解决，反馈给客户并记录处理结果 （2）投诉记录是指对客户投诉的各种问题进行投诉记录，然后与相关部门讨论，找到问题原因并解决 （3）客户维修满意度统计是指在某时间段内，对维修跟踪过程中的客户总体评价进行打分，然后根据分数值进行的统计 （4）投诉处理满意度统计是指在某时间段内，对客户投诉处理过程中的反馈结果进行打分，然后根据分数值进行的统计
信息推送管理	向客户移动通信设备推送信息，也是客户关系管理采用计算机管理系统的重要功能，如维护预约、业务提醒、节假日祝福等
紧急救援管理	良好运转的紧急救援服务对提高客户满意度和客户忠诚度、增加企业收入具有很大的作用。企业实行良好的紧急救援要具有以下条件： （1）成立紧急救援小组 （2）建立 24 小时值班制度 （3）设立救援电话，并让客户知晓救援电话 （4）准备紧急救援车辆

1. 客户档案管理

客户档案管理包括两方面的内容，一是客户基本资料的管理；二是客户业务资料的管理。

（1）客户基本资料的管理。客户基本资料的管理包括客户基本资料的获取、整理、录入、保存、更新、取用、应急处理等。对于不同的企业来说，对客户基本资料内容的要求各不相同，应根据需要制订有关的规章制度细则，这些制度一般来说大同小异。在汽车商务领域，可以把客户的资料分为四个部分：

1）车辆的基本信息：车牌号、VIN 码、发动机号、车架号（底盘号）、钥匙号、出厂日期、首保日期、车型分类等。

2）车辆的扩展信息：购买日期、档案登记日期、保险公司名称、保险联系人、续保日期、下次应保养日期、上次业务日期、行驶证年检日期等。

3）客户的基本信息：姓名、性别、出生日期、身份证号码、住址、邮政编码、联系电话、手机号码等。

4）客户的扩展信息：客户的电子信箱、即时通信号码、客户的其他联系人、开户银行、开户账号、税号、所在地区、类别等。

需要说明的是，车型和客户的分类有很多种分类方法，如可以按照年龄分类、按照地区分类、按照车辆用途分类、按照客户来源分类、按照业务大小分类等，甚至还有的企业要求记录客户的兴趣爱好等。

（2）客户业务资料的管理。客户业务资料的管理包括客户的来访记录、购车记录、购买精品记录、购买配件记录、修车记录、保养记录、跟踪回访记录、投诉记录等。

2.会员管理

（1）会员折扣管理。折扣就是厂商在向客户提供商品或服务时，在普通定价的基础上，以一定的优惠价格收取费用。在维修管理中，折扣可以用在维修项目和维修用料两个方面。如维修企业采用维修项目的工时费折扣优惠措施，就会使客户感觉到实惠，从而增加客户对维修企业的好感，留住客户。有的维修企业也对配件的价格进行优惠，也有的采取工时、配件双优惠。

因为维修工时费和配件费的性质有所不同，因此，在一般的维修企业，会将维修工时费和配件费折扣分开，即一单业务中会有两个折扣率。不同级别的客户享受的折扣率也会有所区别，客户级别的划分也就成为会员制度的一个重要内容，一般来说，级别越高的会员，得到维修企业优惠的折扣越多。

（2）会员积分管理。会员积分制度与会员折扣制度相辅相成，成为维修企业最常用的会员优惠方法。积分回报是会员制度的一种典型方式之一。通过积分，可以促进客户消费，客户如果要得到更多的积分，就要不断地进行消费。商家和客户通过积分，达到双赢的结果。通常，商家会根据积分给会员一定的回馈，或者为会员提供增值服务，或者向会员发放礼品，从而激发客户持久的消费积极性。伴随这些回馈，通常要进行积分的扣减。在不同的企业和行业，会员积分制度各有不同。

积分的用途一般有两种：一种是会员阶梯制度，即根据积分确定会员的阶梯等级；另一种是“积分抵现金制度”，即会员可以用积分冲抵下次消费时的部分应付款项，或者通过扣减积分换取商家提供的礼品。

3.跟踪回访管理

汽车维修企业的客户关系管理中，维修跟踪回访是必不可少的一项内容，也是直接影响客户对维修企业好感度的重要因素。维修跟踪回访的目的是了解客户在修车过程中与修车后对本企业各种服务的评价、意见与建议，并对可能存在的问题进行处理。

客户的反馈信息，对维修企业纠正问题、改善服务、完善管理都起着重要的作用。维修企业只有不断地了解客户所想，满足客户所需，才能提升在客户心目中的形象，更好地为客户服务。

维修跟踪回访包括跟踪记录、投诉记录、客户维修满意度统计和投诉处理满意度统计。跟踪记录是修理厂在客户维修结束后一定天数后（通常小修三至五天，大修两周到四周），主动联系客户，询问客户的评价、意见与建议。同时，对客户提出的问题进行解决，反馈给客户并记录处理结果。投诉记录是指对客户投诉的各种问题进行记录，然后与相关部门讨论，找到并解决问题。客户维修满意度统计是指在某时间段内对维修跟踪过程中的客户总体评价进行打分，然后根据分数值进行的统计。

投诉处理满意度统计是指在某时间段内，对客户投诉处理过程中的反馈结果进行打分，然后根据分数值进行的统计。

4.信息推送管理

信息推送是近年来客户关系管理的常用手段，它的作用体现在：

（1）如果管理软件系统能够自动预测出车辆的下次保养时间，可以给客户移动通信设备推送信息通知客户来店保养，为客户带来温馨的服务提醒，同时为维修企业带来业务。

（2）车辆的保险快要到期了，软件系统能够提醒客户进行续保。同样，对于驾照的年审、行驶证的年审等，都可以使用信息推送功能。

（3）有的老客户突然有几个月没有来本店进行维修，维修企业就要警惕客户流失的风险。可以通过计算机系统定期查询可能流失的客户，然后信息推送进行联系。

（4）逢年过节、客户生日、购车的周年日等特殊的日子，也可以通过信息推送给客户送上祝福，增进和客户之间的感情。

5.紧急救援管理

紧急救援服务可以提升企业品牌形象，提供增值服务，提高顾客满意度，有效降低客户投诉率，利于培养客户的忠诚度。

紧急救援服务要求有必要的人员、设备和合理的管理制度。

紧急救援管理包括以下内容：

（1）接待。接待人员接听客户电话，详细登记客户的需求与车辆信息。根据实际情况判断是现场修理或拖回修理。向客户说明收费标准（保修除外）与到达时间，取得同意后，报服务经理批准后向相关人员下达外出任务。

（2）派工。根据《外出服务登记表》的信息，由车间主管或值班负责人确定外出人员、工具设备、所需零部件。

三、客户档案资源管理

1.客户档案建立

客户档案是企业的重要资源，建立客户群的一个主要方法就是要利用好客户档案，做到这一步的前提是了解档案的信息来源。通常，客户档案主要有以下三种来源：

（1）销售记录。查阅企业的销售记录是建立客户档案最为直接、简单的方法。从销售原始记录中可以看到现有客户和曾经进行交易的客户名单。

（2）车辆管理部门档案。从车辆管理部门获得所需的车辆档案。

（3）维修服务登记。对维修的客户进行登记是建立客户档案的一个方法。在建立客户名录档案时，很多企业都采取请客户自己登记的方法，以获得更多、更准确的客户信息，这需要得到客户的配合。但很多客户不愿意花费时间和精力填写登记卡，即使填了也难以保证是否正确。企业可以对那些自愿填写的客户进行奖励，例如赠送小礼品等。

2.客户档案分析

在掌握了客户的档案信息后，就要积极着手分析客户档案。客户档案分析的内容取决于客户服务的需要，由于在不同企业、不同时期这种需要各不相同，所以进行客户档案分析使用的内容也不同。

（1）客户经济状况分析。利用客户的付款条件、信用额度和购车价格等，可分析出客户的经济状况。信用分析也是客户档案分析的重点内容之一，利用档案中客户经济情况资料、付款方式、付款记录等，还可以对客户的信用进行评价。对于信用等级高的客户，作为业务发展的重点，能够带来新的业务。

（2）企业的利润构成分析。客户资产回报率是分析企业从客户获利多少的有效方法之一。该方法仅从客户的毛利中减去直接客户成本，包括维修费用、服务费用等，而不考虑企业的研究开发、设备投资等费用，求出客户资产回报率。

（3）收入构成分析。即统计分析各类客户、各类客户中每位客户在企业总收入中所占比重，以及这一比重随时间推移的变动情况，用以表明企业服务的主要对象，划分不同规模的客户。这对于明确促销重点、掌握渠道变动情况十分重要。

（4）客户地区构成分析。利用客户档案分析客户地区构成是一种较为普遍、简单的档案分析方法，分析企业客户总量中各地区客户分散程度、分布地区和各地区市场对企业的重要程度，是设计、调整分销和服务网络的重要依据。值得指出的是，这种构成分析至少要利用5年以上的资料才能反映出客户构成的变动趋势。

四、客户关系管理工作要点

1.制定客户信息管理制度，保存和利用各类有价值的客户信息资料

售后服务部门应制定客户信息管理制度，并合理利用客户信息资料。建立客户档案和客户分类的目的在于及时与客户联系，了解客户的要求，并对客户的要求做出答复。应经常查阅最近的客户档案，了解客户汽车的使用情况及存在的问题。与客户进行联系时应遵循以下准则：

（1）了解客户的需求。应了解客户的汽车在使用中有什么问题，或者客户近期的需求。

（2）专心听取客户的要求并做出答复。

（3）多提问题，确保完全理解客户的要求。

（4）总结客户的要求。在完全理解客户的要求以后进行归纳，填写“客户满意度调查表”。

2.提高收集、整理和处理各类信息的能力

科学规范客户信息分析和处理流程，了解不同类型的客户需求，了解哪些是售后服务部门最有价值的客户，如何对不同的客户进行有限资源的优化应用，使售后服务部门所拥有的高价值客户资源显性化，并能够就相应的客户关系对售后服务部门未来盈利的影响进行量化分析，为售后服务部门的决策提供依据。在进行客户细分前应对客户的外在属性、内在属性及客户消费行为进行分析。

（1）客户外在属性包括客户所在的地域、车辆类型、客户的组织归属（企业客户、个人客户、政府客户）等。这种分类方法简单、直观，也很容易获得有用数据，但分类比较粗放，按这种方法分类后依然不知道在每一个客户层面谁是“好”客户，谁是“差”客户，能知道的只是某一类客户（如大企业客户）较之另一类客户（如政府客户）可能消费能力更强。

（2）客户内在属性是客户的内在因素所决定的属性，如性别、年龄、信仰、爱好、收入、家庭成员数、信用度、性格、价值取向等。

（3）消费行为分类包括最近消费、消费频率与消费额，这些指标都需要在账务系统中得到。在建立客户档案，并对客户进行调查分析的基础上，遵循ABC客户分类法对客户进行分类。

知识链接：

ABC 客户分类法

（1）A 类客户：资信状况好、经营作风好、经济实力强、长期往来成交次数多、成交额较大、关系比较牢固的基本往来客户。

（2）B 类客户：资信状况好、经济实力不太强，但也能进行一般的交易，完成一定购买额的一般往来客户。

（3）C 类客户：资信状况一般、业务成交量较少，可作为普通联系客户。

对于不同类别的客户，要采取不同的经营策略：优先与 A 类客户成交，在资源分配和定价上适当优惠；对 B 类客户要保持和培养；对 C 类客户则应积极争取，加强联系。例如，对于 A、B 类客户，可定期或不定期地召开客户座谈会或邀请他们参加本企业的一些庆典或文化娱乐活动，加深企业与他们之间的感情。

3. 建立和健全客户档案立档、保管使用和保密制度

客户档案管理是对客户的有关材料及其他技术资料收集、整理、保管和对变动情况进行记载的一项专门工作。建立客户档案直接关系到售后服务的正确组织和实施。档案管理必须做到以下几点：

（1）档案内容必须完整、准确。

（2）档案内容的变动必须及时。

（3）档案的查阅、改动必须遵循有关规章制度。

（4）要确保某些档案及资料的保密性。

五、客户俱乐部建立与服务

客户俱乐部为非营利性的社团组织，以会员制形式向会员提供优质服务，根据客户车型或活动特点分别进行会员分类管理。俱乐部本着立足自身实际情况，通过整合资源搭建俱乐部平台，建立符合自身宗旨和理念的管理模式来服务会员，以提高经销店品牌形象、满足会员需求为目的来开展工作。通过俱乐部为广大客户搭建一个信息沟通、技术指导及休闲娱乐的平台，为会员提供丰富多彩的假日活动和更方便、快捷、高品质的配套服务，体现企业经营理念，弘扬企业文化。

客户俱乐部成立的目的和作用虽然各不相同，但俱乐部应该旗帜鲜明地打出自己的旗号，提出自己的主张，表达自己的理念和宗旨，以便吸引和留住客户。

1. 客户俱乐部的建立

（1）制定俱乐部章程。通过制定俱乐部章程，明确俱乐部与会员间的权利、责任、义务，以此来建立诚信关系，更好地发展壮大俱乐部。俱乐部章程起草后，经会员审阅，经销店服务经理、总经理、董事长审批，一致通过后，作为活动指导原则。

（2）建立客户俱乐部会刊与网站。俱乐部会刊及网站是俱乐部与会员互动的平台，俱乐部通过其与客户开展良好的沟通与互动。

（3）客户俱乐部的组织框架。通过对俱乐部会员进行归类比较，根据其共同属性划分单元组进行管理，并在单元组内选举单元组队长。俱乐部管理人员与单元组队长共同组织协调各自的活动。

2. 客户俱乐部的主要服务项目

(1) 汽车救援。汽车救援只是客户俱乐部的一个服务项目，针对俱乐部会员。由于它收费低，基本采取年费制，反应速度快，救援质量好，容易得到会员的好评。汽车救援保证在承诺时间内准时到达，做到小故障立刻处理，大故障免费拖至特约维修站，并为客户提供备用车、备用油。如果客户因发生交通事故而要求救援，俱乐部还应协助客户报警。

(2) 车辆保险。俱乐部会员可享受车辆保险续保优惠活动。

(3) 维修维护。俱乐部会员在维修维护上可享受一定程度的打折优惠，并享受免费洗车业务。

(4) 汽车旅游。一些客户俱乐部创造性地提出“自驾游”的新概念，为汽车旅行提供条件。

会员车辆的更新手续、年检、维护、装饰、维修、救援、理赔以及为会员提供应急车辆均是俱乐部的基本服务项目。

第四节　客户满意度调查

现代企业实施客户满意战略必须建立一套客户满意分析处理系统，用科学的方法和手段检测客户对企业产品和服务的满意程度，及时反馈给企业管理层，使企业不断改进工作，从而真正地为满足客户的需要服务，因此，需要进行客户满意度调查。

一、客户满意度调查概述

1. 客户满意度调查概念

客户满意度调查是用来测量一家企业或一个行业在满足客户购买产品的期望方面所达到的程度。通过满意度调查可以找出那些与客户满意或不满意直接有关的关键因素，根据客户对这些因素的看法而测量出统计数据，进而得到综合的客户满意度指标。它也是近年来市场营销调研行业中发展最快、应用最广泛的调查技术。

调查的核心是确定产品和服务在多大程度上满足了客户的欲望和需求。从调研目标来说，应该达到以下 5 个目标：一是确定导致顾客满意的关键绩效因素；二是评估公司的满意度指标及主要竞争者的满意度指标；三是判断轻重缓急，采取正确行动；四是控制服务全过程；五是进行产品升级以及产品的更新换代。

2. 客户满意度调查的作用

客户满意度调查可以起到以下 3 个方面的作用。

(1) 体现以客户为核心的理念。企业依存于客户，因此要掌握客户当前和未来的需求，满足客户要求并争取超越客户期望，在任何情况下，产品的可接受性由客户最终确定。但是，客户的需求和期望是不断变化的，客户当时满意不等于以后满意，等客户提出要求才去满足，企业就已经处于被动地位了，而且必然会有被忽略的方面。要获得主动，企业必须通过定期和不定期的客户满意度调查来了解不断变化的客户需求和期望，并持续不断地改进产品和提供产品的过程，真正做到以客户为中心。

（2）确定客户满意策略。企业进行客户满意度调查，不只是为了得到一个综合统计指数，而是要通过调查活动，发现影响客户满意度的关键因素，以便在提高客户满意度的过程中能对症下药，制定有效的客户满意策略。客户满意度的测量始终要考虑竞争对手的情况，并进行比较，确定企业与其主要竞争对手在满足这些期望和要求方面成功的程度，即优势和劣势各处在什么位置，这样可以使企业做到知己知彼，制定合适的竞争策略。

（3）节约成本，提高效益。客户满意度调查贯穿于企业生产经营的全过程中，从设计产品之初就考虑到客户的需求和期望，使其提供的产品或服务得到客户的认可，并获得客户满意。之后，在企业定期的客户满意度调查过程中，企业会越来越了解客户，会准确地预测到客户的需求和愿望的变化。这样，企业就不用花更多的时间和精力去做市场研究，新产品的研制和生产也会少走不少弯路，在很大程度上减少了企业的浪费，节约了成本，利用有限的资源最大限度地提高企业的经济效益。

案例：

中国汽车售后服务客户满意度调查

中国汽车售后服务客户满意度调查（CAACS），简称卡思调查，是由中国汽车维修行业协会受交通运输部委托，在国内50个主要城市进行的汽车4S体系售后服务客户满意度调查研究活动，由中国汽车维修行业协会下属机构——中国汽车维修行业协会汽车制造企业售后服务工作委员会具体执行。

卡思调查主要针对品牌汽车生产企业4S体系，覆盖目前市场上所有主流汽车品牌与车型。调查样本共计3万余份，调查方式全部采用一对一面访的形式，是目前国内汽车服务满意度研究取样最细致、样本规模最大的一种普遍性调查。首届卡思调查数据结果的公正性、客观性和公平性得到了广大汽车制造企业的充分认可。

卡思调查主要从以下6个方面来考核汽车品牌4S店的售后服务。

（1）规范性：考核品牌4S店遵守行业管理部门规定的情况。

（2）公开性：考核品牌4S店在价格、项目及维修维护过程中对消费者公开的程度。

（3）人性化：考核品牌4S店在服务态度及给消费者提供服务上的人性化程度。

（4）便捷性：考核品牌4S店在客户到店交通及维修等待时间上的便利程度。

（5）专业性：考核品牌4S店在人员技能及维修质量上的专业情况。

（6）收费合理性：考核品牌4S店在工时计费及配件价格等方面的客户满意度情况。

二、客户满意度调查

1. 调查方法

客户满意度调查方法主要包括以下3种：

（1）文案调查法。文案调查法是利用企业内部和外部现有的各种信息、情报，对调查内容进行分析研究的一种调查方法。它主要收集二手资料，这些资料大都通过公开发行刊物、网络、调查公司获得，在资料的详细程度和资料的有用程度方面可能存在缺陷，可以作为深度调查前的一种重要的参考。特别是进行问卷设计时，二手资料能为售后服务企业提供行业的大致轮廓，有助于设计人员对于调查问题的把握。

（2）面谈调查法。面谈调查法是一种双向调查法通过与被调查者面对面直接交谈进行，调研人员对有关问题提出询问，并当场记录被调查者提供的答案，以获取所需资料。调研人员在面谈之前，应当熟悉所要调查的问题，明确问题的核心和重点，并要事先熟悉调查提纲。询问时既可按提纲顺序提问，又可以自由交谈，但一般要遵循设计者的安排。

(3) 电话调查法。售后服务核心过程中的跟踪服务环节多采用电话调查的方式进行。成功地进行电话调查需要遵循以下原则：问题简洁明了，准备话术规范，易操作，感谢客户。

2. 问卷结构

问卷从结构上可分为表头、表体和表脚三部分。表头包括客套语、对填表者的激励方式等；表体为调查项目；表脚部分为填表说明和必要的注释等。

3. 问卷设计注意事项

在设计调查项目的过程中还需要注意其科学性和逻辑性。

市场调查表十分重要，要将其设计得科学，就必须注意以下几个问题：

(1) 所列项目应当是客观而又必要的。市场调查表中，所列的项目要有客观性，不要提出一些带有向被调查者揭示答案方向或暗示调查者观点的问题。因调查表的设计是为了取得满意的结果，所以除了属于引导启发所要答复的问题之外，所列项目都应是调查目标所必需的。

(2) 所提问题应当是准确的。所提问题的界限用词要准确，要避免使用含糊不清、可作多种理解以及过于专业化的语句。另外，一个项目只能包含一个层次的内容，否则会影响被调查者对问题的正确理解以及回答的准确性。

(3) 设计方案应当是可行的。通过客户满意度调查，可以挖掘出影响客户满意度的关键因素，并有针对性地对改善企业服务质量，对于提升客户重复购买力、提升企业竞争能力及盈利能力具有很大的正面促进作用。

三、客户满意度调查注意事项

1. 设计专业的问卷

满意度调查的内容应与时俱进，设计问卷应专业化。

2. 问卷设计应有所侧重

测定客户满意度的目的是改善产品与服务提供及客户体验。企业的资源是有限的，根据事件的轻重缓急，在一定时间内重点解决那些影响大的问题。

3. 区分满意度和忠诚度

满意的客户并不一定是忠诚的客户，只有对自己购买和使用的产品满意，并推荐给自己的朋友，才是忠诚客户的标志。

4. 注意期望值的影响

期望值的高低影响客户对产品和服务的评价，而客户的期望值提升容易，降低较难。有时客户表现出比较满意，并不一定是企业的表现优异，而是客户没有接受过更优质的服务，没有比较。随着信息的流通，不同地区的客户期望值都会不断提升。

四、客户满意度调查分析

客户满意度调查完成后要进行数据分析，得出结论或评价。这个环节非常重要，数据分析的准确性程度对能否正确理解客户的感觉及制订改进战略计划起着极为关键的作用。数据分析是指用适当的统计分析方法对收集来的大量数据进行分析，提取有用信息和形成结论而对数据加以详细研究和概括总结的过程。数据分析可帮助人们做出判断，以便采取适当行动。数据分析的具体步骤包括：

（1）确定回收率和有效率。在进行统计分析前，首先要对回收的问卷做回收率和有效率的统计。回收率在70%以上对问卷结果的分析才是有效的。

（2）进行数据统计、处理和分析。使用统计软件对调查数据进行统计分析，形成数据文件，绘制统计表，并选取合适的方法进行定量分析和定性分析。

1）描述统计。对已获得的数据进行整理、概括，显现其分布特征，包括通过归组、编表、绘图等方法进行数据的初步整理，计算各种特征量。

2）推断统计。在描述统计的基础上，运用概率理论，在一定可靠程度上对总体分布特征进行估计、推测，包括总体参数估计和显著性检验两部分。

3）用语言描述、解释统计数据，得出结论，并形成文字报告。

案例：

2017年度中国汽车售后服务客户满意度调查

2017年度中国汽车售后服务客户满意度调查分为三个项目，一个是针对汽车厂家品牌授权的4S店进行调查；二是针对有代表性的全国10个汽车维修连锁品牌进行的调查；三是调查商用车和10个重型卡车品牌、7个品牌乘用车领域。

调查结果显示，乘用车4S系统售后服务客户满意度得分为87.1分，比上年提高0.2分，进口品牌仍处于行业领先地位。自主品牌满意度提高。英菲尼迪、长安福特、广汽传祺分别位居进口、合资企业、自主品牌满意度首位。2017年快修体系客户服务系统服务满意度得分为85.5分，中鑫之宝名列快修连锁体系满意度第一名。综合比较，4S店在标准和专业方面略有优势，但在服务费合理性方面存在缺陷。维修连锁系统在专业性和规范性方面也表现良好，方便性有待提高。

本次调查首次对商用车体系售后服务客户满意度作出排名。2017年商用车体系售后服务满意度得分为85.4分，其中重卡85.6分，比客车85.1分略高，红岩和厦门金旅分别名列重卡和客车品牌满意度第一。其中，红岩、北汽奔驰、陕汽重卡荣获重卡体系前三甲，而客车体系售后服务满意度前三甲为厦门金旅、郑州宇通和安凯客车。

商用车调查显示，89%的客户是新车车主，二手商用车交易量较低；72%的客户下次保养、维修会选择去汽配城；25%会选择去路边店。商用车体系也在便捷性和费用合理性方面得分不高。

2017年度卡思调查于2017年4月1日启动、7月1日完成，取样覆盖了国内45个主流品牌和车型，涉及国内50个大中城市5年以内购买车辆的客户，所有样本采用一对一面访形式，调查由各地方行业管理部门与维修行业协会主导执行，以体现调查的客观公正性，年度样本共计回收22 136份。

复习思考题

一、判断题

1. 客户满意是客户对企业产品和服务的实际感受与其期望值比较的程度。（　　）
2. 客户满意的三个层次包括产品满意、服务满意和社会满意。（　　）
3. 客户关系管理的核心是客户价值管理。（　　）
4. 调查问卷从结构上可分为表头、表体和表脚三部分。（　　）
5. 处理客户投诉时，要先强调事情的对错，再作处理。（　　）

二、思考题

1. 遇到客户投诉时，结合投诉处理流程思考应如何处理。
2. 为什么要给予客户关怀?

第四章　汽车保修服务管理

学习目标

1. 了解保修规定政策，能对客户进行解释，保证客户满意。
2. 掌握保修流程，规范填写索赔工单，保证保修工作顺利进行。
3. 掌握索赔件的处理规定，完成索赔件管理工作。
4. 掌握经销商处理召回规定及流程，能够完成客户召回工作。

保修工作是制造厂家对自己产品的一种负责任的态度，同时也是经销商售后服务管理中非常重要的一项工作。做好保修索赔工作，不仅可以避免产品质量缺陷给客户带来不便，同时出色的保修、索赔工作也是树立品牌形象、为营销和售后服务赢得市场的重要手段。

第一节　汽车产品保修规定

为了更好地保护消费者以及企业的利益，需要制定、规范相关产品保修规定。

一、质量担保

1. 汽车保修定义

汽车保修是指产品（或元件、系统）的生产者与经销商根据保修条款，为确保产品在正常使用的情况下，在一定时期内性能充分满足所规定的要求而做出的一种承诺。它是在无任何违反保修条款规定的情况下，产品因设计、制造、装配、材料质量等原因造成的各类故障及性能不满足使用要求时，生产厂家无偿为客户提供的更换、修理、维护等技术服务工作。

汽车保修一般由汽车制造厂承担相关费用，特约销售服务站完成作业。汽车售后服务企业所涉及的保修业务主要包括售前保修和售后保修。售后保修又包括整车保修、配件保修、首次免费保养等业务。售后保修是汽车售后服务企业的主要保修业务，一般如无特别说明，保修业务指的就是售后保修。

2. 汽车保修期

我国于 2013 年 10 月 1 日正式施行的《家用汽车产品修理、更换、退货责任规定》，对于保修索赔期做出新的规定，家用汽车产品保修期不低于 3 年或者行驶里程 60 000 千米，以先到者为准；家用汽车产品三包有效期不低于 2 年或者行驶里程 50 000 千米，以先到者为准。

（1）整车保修期。不同汽车公司规定的保修期是不一样的，一般都在新车销售时向客户进行保修期的说明。整车保修期内，特殊零部件依照特殊零部件保修期的规定执行。

（2）配件保修期。在特约销售服务站更换的某些配件也应享受保修期优惠，见表 4—1。

1）在整车保修索赔期内，由特约销售服务站免费更换安装的配件，其保修索赔期为整车保修索赔期的剩余部分，即随整车保修索赔期结束而结束。

2）由客户付费并由特约销售服务站更换和安装的配件，从车辆修竣、客户验收合格日和行驶里程数算起，其保修索赔期为 12 个月或 20 000 千米（以先达到者为准）。在此期间，因为保修而免费更换的同一配件的保修索赔期为其付费配件保修索赔期的剩余部分，即随付费配件的保修索赔期结束而结束。

（3）首次免费维护期。首次免费维护期是从车辆开具购车发票之日起的规定时间或规定里程内，必须到服务店进行的免费首次走合维护。

在实际工作中，不同品牌或同一品牌不同系列型号的整车、不同类型的零部件，保修期起止时间的计算方法大致相同，但是保修期或里程可能会有所调整，具体应参照相应的保修手册。

表 4—1　　某品牌汽车新车易损件质量担保规定

易损件名称	质量担保期限/里程	易损件名称	质量担保期限/里程
离合器片	6 个月/5 000 千米	刮水器片	2 个月/1 000 千米
附件传动夹带	10 000 千米	灯泡	2 个月/5 000 千米
制动片	6 个月/ 5 000 千米	熔丝	1 个月
火花塞	6 个月/5 000 千米	蓄电池	1 年/20 000 千米
机油滤清器	3 个月/5 000 千米	汽油滤清器	1 个月/5 000 千米
空气滤清器	1 个月/5 000 千米	遥控器电池	12 个月
轮胎	5 000 千米	喇叭	1 年/30 000 千米

3. 保修索赔范围

关于生产厂家的保修索赔范围规定如下：

（1）在保修索赔期内，车辆正常使用情况下整车或配件发生质量故障，修复故障所花费的材料费、工时费属于保修索赔范围。

（2）在保修索赔期内，车辆发生故障无法行驶，需要特约销售服务站外出抢修，特约销售服务站在抢修中的交通、住宿等费用属于保修索赔范围。

（3）汽车制造厂为每一辆车提供在汽车特约销售服务站进行免费保养，免费保养的费用属于保修索赔范围。

4. 特殊情况

在保修索赔中也有一些情况，需要汽车制造厂家充分考虑其特殊性。

（1）保修索赔期满后出现的问题。对于超过保修索赔期而又确属耐用件存在质量问题的车辆，由汽车制造厂技术服务代表和汽车特约销售服务站共同对故障原因进行鉴定，并在征求汽车制造厂索赔管理部同意后方可按保修处理。

（2）更换仪表的特殊事宜。因仪表有质量问题而更换仪表总成的，汽车特约销售服务站应在客户“保修手册”上注明旧仪表上的里程数及更换日期。

（3）故障原因和责任难以判断的问题。对于故障原因和责任难以判断的情况，如果客户确实按“使用说明书”规定使用和保养车辆并且能出示有关证据，如保养记录、询问驾驶员对车辆性能和使用的熟悉程度等符合规定的车辆，报汽车制造厂索赔管理部同意后可以保修。

二、索赔原则

在处理索赔时，要遵循的索赔原则主要包括以下内容：

（1）索赔期间的间接损失，如车辆租用费、食宿费、营业损失等，汽车生产企业不予赔偿。

（2）索赔包括根据技术要求对汽车进行的修复或零部件更换，更换下来的零部件归汽车生产企业所有。

（3）经销商从汽车生产企业的备件部门订购的备件在未装车之前发生故障，可以向汽车生产企业的备件部门提出索赔。

（4）关于常规保养，汽车生产企业或客户已经支付给经销商费用，经销商有责任为客户的车辆做好每一项保养工作。如果客户车辆在经销商保养后，对保养项目提出索赔要求，应由经销商自行解决。

（5）严禁索赔虚假申报，若发生此种情况，责任由经销商承担。

（6）严禁使用非原厂备件办理索赔，若发生此种情况，责任由经销商承担。

（7）空气滤清器、机油滤清器、燃油滤清器不予索赔。

（8）对于汽车使用维护过程中需要进行的调整项目，各汽车生产企业不单独为客户办理索赔项目，包括发动机CO值调整，发动机燃油消耗测定，发动机正时齿带、压缩机传动带张紧度调整，轮胎动平衡检查调整，明照灯光束调整等。

三、不属于保修索赔范围的情况

不属于保修索赔范围的包括以下11种情况。

（1）在汽车制造厂特许经销商处购买的每一辆汽车都随车配有一本《保修保养手册》。手册必须盖有该车的特许经销商的印章，购车客户签名后方可生效。不具有该手册、手册上印章不全或发现擅自涂改情况的，汽车特约服务站有权拒绝客户的保修索赔申请。

（2）车辆正常例行保养和车辆正常使用中的损耗件不属于保修索赔范围，例如，例行保养中使用的润滑油、机油和各类滤清器、清洁剂、上光剂等，损耗件如火花塞、制动片、离合器片和灯泡、刮水臂等。

（3）因不正常保养造成的车辆故障不属于保修索赔范围。客户应根据《保修保养手册》

上规定的保养规范，按时到汽车特约服务站对车辆进行保养。如果因为缺少保养或未按规定的保养项目进行保养而造成的车辆故障，不属于保修索赔范围。同时汽车特约服务站有义务在为客户每次做完保养后记录保养情况并盖章，并提醒客户下次保养的时间和内容。

(4) 车辆安装了未经汽车制造厂售后服务部门许可的配件不属于保修索赔范围。

(5) 客户私自拆卸更换里程表，或更改里程表读数的车辆，不属于保修索赔范围，但不包括汽车特约服务站对车辆故障诊断维修的正常操作。

(6) 因为酸雨、地震、冰雹、水灾等自然灾害或树胶、沥青、火灾、车祸等意外事件造成的车辆故障不属于保修索赔范围。

(7) 因客户使用不当，滥用车辆（如车辆被用作赛车）或未经汽车制造厂售后服务部门许可改装车辆而引起的车辆故障不属于保修索赔范围。

(8) 间接损失不属于保修索赔范围。因车辆故障引起的经济、时间损失不属于保修索赔范围，例如租赁其他车辆的费用。

(9) 由于特约服务站操作不当造成的损坏不在保修索赔范围。同时，特约服务站应当承担责任并进行修复。

(10) 在保修索赔期内，客户车辆出现故障后未经汽车制造厂或汽车特约服务站同意继续使用而造成进一步损坏，汽车制造厂只对原有故障损失负责，并且必须证实原故障属于产品质量问题，其余损失责任由客户承担。

(11) 车辆发生严重事故时，因客户未保护现场或因丢失、损坏零件以致无法判明事故原因，汽车制造厂不承担保修索赔费用。

事故原因应经汽车制造厂和有关方面鉴定，例如保险公司等，如果属产品质量问题，汽车制造厂将按规定支付全部保修及车辆拖运费用。

案例：

索赔纠纷案例

案例一

客户：为什么我的车在质量担保期内洗积炭还要收费？

分析：

解释原因——“积炭的形成主要是汽油燃烧不充分造成的，这和汽油的油品、驾驶员的驾驶习惯等因素有关。”

表示理解——“您的心情我们能够理解。”

讲解政策——“但它确实不是产品质量问题，所以需要收费。”

提示正确使用方法——“在以后的使用中，您最好能够……”

案例二

客户：我的车首保在其他站做的，但那个站忘了盖章，怎么办？

分析：

讲解政策——“按照汽车厂家的规定我们需要看到您的首保证明。”

表示理解——“但您也是大老远好不容易来一次。”

提供解决办法——“您看这样行吗，我去联系一下您做首保的服务站，如果他们能查到您的记录，我找我们售后经理申请一下，看能不能先把质量担保给做了，好吗?”

案例三

客户：质量担保期内的维护为什么要收费?

分析：

解释政策——“维护是为了保证车辆正常运行，延长使用寿命，减少维修次数并降低使用成本。车辆只要开始使用就要进行定期维护，这和车辆质量没关系。而质量担保是对整车进行质量担保。”

表示理解——“您的心情我们能够理解，但维护和质量担保的概念确实不一样。车辆的维护就像人要体检，且这类体检不在医保范围内，是要收费的，因此维护车辆要收费也是合理的。”

案例四

客户：我的车在路上坏了，临时处理了一下后开回来，你们说零件不是原来的样子就不进行质量担保了，有这个道理吗?

分析：

解释政策——“保持零件的原始状态关系到质量担保鉴定的评判结果，由此判断零件的损坏是质量问题还是人为造成的，原始状态被破坏就无法判断责任。”

表示同情——“其实，谁也不愿意遇到这样的意外情况，我们特别理解您当时的心情。”

提醒客户——“当时您的车在路上出现故障可以联系服务站，可以由服务站解决和协调。”

第二节　保修流程

不同的汽车售后服务企业，保修的工作流程会有所不同，但总体的工作流程差异不大。

一、售后保修流程

汽车特约服务站在接受客户的保修索赔申请时，遵照以下工作流程进行，如图 4—1 所示。

(1) 客户到特约服务站报修。

(2) 确认是否符合保修条款。服务顾问会根据客户报修情况、车辆状况及车辆维护记录，预审客户的报修内容是否符合保修索赔条件，特别要检查里程表的工作状态，如不符合则由客户自行付费修理。

(3) 进行维修。将初步符合保修索赔条件的车辆送至保修工位，索赔员协同维修技师确认故障点及引起故障的原因，并制定相应的维修方案。服务顾问与客户签订“任务委托书”后将车辆交付车间检修。如不符合保修索赔条件则通知服务顾问，由客户自行付费修理。

当车辆进入维修工位后，由维修技师检查故障现象、分析故障原因，拆解更换零部件，进行维修作业。维修技师在维修过程中，对照“保修件鉴定标准”如发现零部件的故障不符合保修条款，零部件功能未失效、仍可继续使用，发现新的保修项目时，应及时转达服务顾

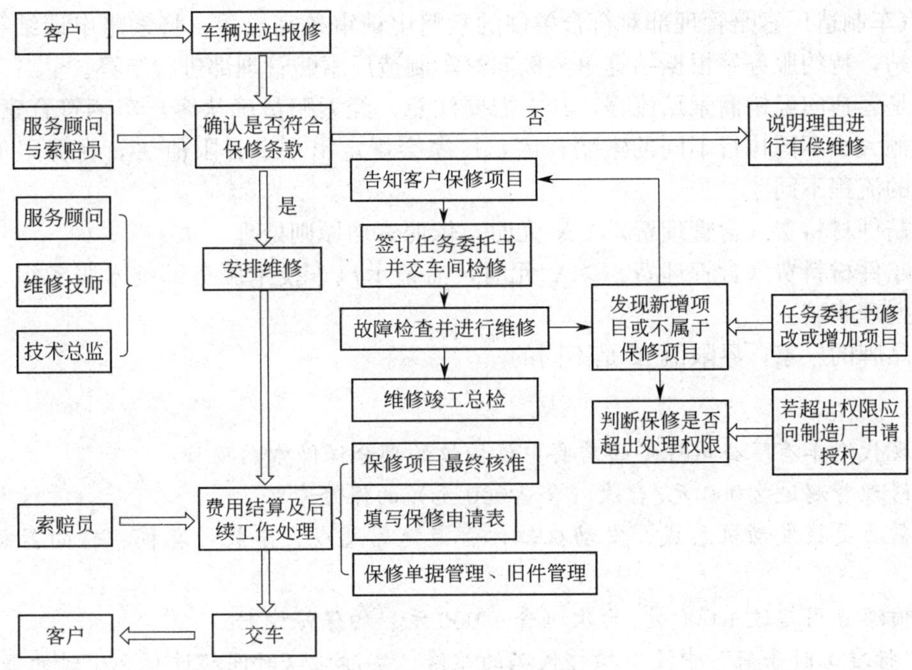

图 4—1　索赔流程

问。由服务顾问告知客户，经客户同意后修正“任务委托书”或在“任务委托书”中追加新的维修项目。维修竣工后经总检员总检、试车后，即可通知索赔员办理保修手续。

注意：当保修业务超出售后服务企业的核定标准时，应由保修员填报“保修鉴定报告”，经制造厂审核批准后方可进行保修处理。对部分特殊零部件，应按照“特殊零部件保修处理办法”进行处理。

(4) 结算。车辆检修结束后，服务顾问陪同客户至保修员处确认。保修员再次核查“任务委托书”与“使用说明书”及其他相关原始档案、信息的符合性和真实性，符合的给予办理保修结算，不符合的由服务顾问陪同客户至结算员处结账付款。

对保修涉及的零部件材料费、工时费、备件管理费不得向客户收取，只需按照“保修申请表”填写说明及时填写“保修申请表卡”，并请客户签字确认即可。将上述费用结算流程办理完成之后，服务顾问可根据汽车售后服务的交车流程向客户交车。

(5) 索赔员的后续工作

1) 保修旧件的管理。当保修结束后，维修工程师分析更换下来的零部件，填写“零部件故障报告”。在索赔件上挂上索赔旧件标签，送入索赔旧件仓库统一保管。

2) 索赔员每天要统计当天的索赔申请，填写索赔申请表，每月一次在规定时间内向汽车制造厂索赔管理部提交索赔申请表。并且索赔员每月在规定时间内按规定包装好索赔件由第三方物流负责运回汽车制造厂索赔管理部。

3) 经汽车制造厂索赔管理部初步审核不符合条件的索赔申请将予以返回，索赔员根据返回原因立即修改，下次提交索赔申请时一起提交，以待再次审核。

4）汽车制造厂索赔管理部对符合条件的索赔申请审核完成后，将索赔申请结算单返给特约服务站，特约服务站根据结算单金额向汽车制造厂索赔管理部进行结算。

以上是客户向经销商索赔流程，其中需要注意，经索赔员确认客户车辆符合索赔条件，索赔件金额大小不同执行不同的索赔程序，厂家会规定出一个界限值 X，在界限值之上和之下处理的流程不同。

当索赔件材料费（含管理费）$\leqslant X$ 元时，依照索赔原则处理。

当索赔件材料费（含管理费）$>X$ 元时，需请示汽车技术服务部技术服务组，获得批准后方可办理索赔。

不同品牌的厂家，界限值 X 是不同的。

案例：

北京现代汽车有限公司规定的需要申请授权的部分保修索赔项目：

（1）修理费超过 2 000 元/台次（含 2 000 元）的保修索赔。

（2）需要更换发动机总成、发动机缸体、变速器总成、车载计算机、转向器总成等部件时。

（3）喷漆费用超过 1 000 元/台次（含 1 000 元）的保修索赔。

（4）“标准工时手册”中没有操作代码的维修，实际维修时间超过 0.9 小时的保修索赔。

二、保修费用申报

服务站向制造厂申报的保修费用项目包括材料费用、工时费用、管理费用、保修件附加费（运费）、外出服务费用。

具体申报过程中应根据制造厂拟定的相关费用标准（如首保费用标准、工时费用标准、保修备件管理费用标准、外出服务费用标准、保修件附加费标准）对应申报。

服务站及时为符合保修条款的客户提供保修业务后，还需要定期向汽车制造厂申报保修涉及的费用。一般来说，申报周期为每月一次，具体的申报时间节点不同的企业有所不同。保修费用申报流程如下：

1. 服务站按时提交申报资料

服务站必须按照厂家的要求及时提交申报材料。

（1）电子文档及时上传。对于在保修业务中涉及的“保修申请表”“任务委托书”等电子文档，工作人员在线如实填写后，通过专门的保修系统及时上传。

（2）保修件返回。服务站每月一次按规定时间把保修旧件按规定包装（根据相应的保修旧件处理规定），由第三方物流负责运到汽车制造厂指定的地址。同时要求运输商按规定在运输单据上填写地址、单位、邮编和电话，发运后务必在售后服务专用系统中将发运件的相关信息（包装箱数等信息）进行登记，以便于制造厂在接收时进行确认。

旧件的运费用可由服务站先垫付或到货后由制造厂支付。若由服务站垫付，则运费以保修附加费用的方式给予，由制造厂给予补助。

旧件包装要求：服务站应将保修件分类后用备件专用纸箱进行分类包装，并确保包装稳妥牢靠。对于消声器、三元催化器等大型铁器件可不必进行包装；发动机、缸体、变速器、缸盖、蓄电池要用备件原包装箱单独包装，对于单价较高、体积较小、重量较轻的保修件最好放置在同一个包装箱内，电子控制单元、收放机、CD机等贵重的电器件要采用原备件小包装箱进行包装后再分类装入发运的纸箱进行包装。每个包装箱内必须有本包装箱保修件的装箱清单（清单包括申请单号、配件名称、配件号、厂家代码、数量），以便再进行核对。

在封箱口粘贴加盖服务站章的封条后，用胶带密封，防止二次包装，并标记箱号。

（3）纸质保修单据寄回。保修员按规定地址，在保修旧件返回后将当月纸质单据（包括“保修登记卡”“首次免费维护卡”“外出服务登记表”及票据）按要求装订后寄回，且“保修登记卡”“首次免费维护卡”“外出服务登记表”及票据每月单独用邮政快递寄回，寄出后并在售后服务专用系统中将函件相关信息进行登记，以便汽车制造厂接收时进行核对。

2.保修件及保修资料的接收

保修件抵达制造厂后，制造厂接收人员将对保修件包装箱的件数、包装箱的完整性进行确认（若出现包装箱破损、存在二次包装或包装箱缺失的异常情况接收人员应及时通知服务站保修人员，一起与运输商进行交涉，以尽可能减少损失）。

保修员应及时关注制造厂在售后服务专用系统中是否回复保修件、保修资料接收的信息。

3.申报资料的验收

申报资料的验收必须符合厂商的要求。

（1）保修件的验收。收到保修件后，制造厂的保修审核人员将对保修件进行验收，确认保修件是否符合“保修件鉴定标准手册”“保修件鉴定标准”“保修件不认可标准”，保修件存在问题的索赔申请将被返回或取消。

保修员应关注制造厂在售后服务专用系统中的验收情况，若对验收的结果有疑问，应在规定日期内与制造厂工作人员进行沟通。

（2）保修单据审核。保修件验收后，制造厂审核人员以企业的保修条款及“保修单据不认可标准”等为标准，将对保修单据进行审核；同时与售后专用系统中上传的电子资料进行核对，并给出审核标志及审核说明。服务站保修员应及时确认审核结果，对不合格单据应根据审核说明认真分析不合格原因。

4.保修费用结算

保修件验收及保修单据审核后，制造厂将对服务站当月的所有首保、保修、外出救援等费用进行结算，并将结算的结果在售后服务专用系统公示，具体内容为“保修业务通知单”及其附件（“首次维护结算清单”“保修结算清单”“外出服务结算清单”“误判扣款结算清单”）。

服务站若对结算结果有疑义，保修员应在规定时间内及时与制造厂保修结算负责人联系。

5.开具发票

服务站对结算结果确认无误后，保修员打印结算单据，再次核对打印出的“保修费用结算确认单”与“保修单据结算明细”的金额是否一致，确认无误后递交站长，站长在单据的指定位置签章，财务人员按要求及“保修费用结算确认单”上的说明开具增值税发票，并及时寄到制造厂指定地址。

6. 报销入账

制造厂收到增值税发票及“保修费用结算确认单”与“保修单据结算明细”后，将审核发票的开具是否合格，附件是否齐全（不合格发票将退回重新开具），若全部合格将及时进行报销入账。服务站的保修员或财务人员需定期与制造厂财务人员对账。

三、售前索赔要求

通过汽车制造厂检验的车辆，在第三方物流、特许销售商、最终客户的各道接车检查的过程中检查出的一些厂方漏检的质量问题，这些质量问题的保修属于售前索赔。

为了规范交接各方检验的程序，分清新车受损的责任方，一般有以下规定：

（1）物流商承接新车时，装车前必须认真按新车交接检查程序进行检查。特别要检查油漆、玻璃、外装饰件、内饰、轮胎、随车附件、工具资料等。如果发现问题，要及时提交汽车制造厂销售公司解决。检验合格经双方签字确认后，物流商将负责全程运输工作，运输途中造成的一切损失将由物流商承担。

（2）经销商承接新车时，必须认真按新车交接检验程序进行检查。特别要注意油漆、玻璃、外装饰件、内饰、轮胎及其随车附件工具资料等，检验合格后经双方签字确认。检验中，发现新车存在制造质量问题，要记录在新车交接单上，经双方签字确认。其中发生的维修费用，由经销商提交售前索赔申请经汽车制造厂索赔管理部审定后予以结算。

（3）检验中发现新车存在非制造质量问题，要确认责任人，再采取相关弥补措施。例如，是否存在人为损坏、碰撞、异物污染、酸碱侵蚀、附件遗失等。如果属于物流商责任，由经销商负责修复，维修费用按索赔标准结算，由物流商当场支付。若交接双方存在分歧，由当地区域销售经理和区域服务经理现场核定。若区域销售经理和区域服务经理无法及时到达现场，在新车交接单上记录下问题（必要时拍摄照片），并经双方签字确认，事后由经销商提交给索赔管理部审定。

（4）检验中发现新车存有不明原因的问题，在新车交接单上记录下问题（必要时拍摄照片）并经双方签字确认，事后由经销商提交给索赔管理部审定。

四、付费配件索赔

客户自行付费且在服务站更换的零部件或总成，在保修索赔范围内出现质量故障，服务站有责任提供配件索赔。提出这类配件索赔，必须在索赔申请表后附带购件发票的复印件。换件修复后还需要在更换配件的付费发票备注栏内如实写明当时车辆已经行驶的里程。

第三节　索赔件管理

一、索赔件库存管理规定

（1）更换下来的索赔件归汽车制造厂所有，同时各特约销售服务站必须在规定时间内按指定的方式将其运回汽车制造厂索赔管理部。特约维修服务站须有单独的索赔件存放库房，库房内可根据保修业务量大小放置数台货架，以便分类保管索赔件。

（2）更换下的索赔件应配有独立的库房或存放区域。一般来说一类经销商的索赔件库面积在30平方米以上，二、三类经销商的索赔件库面积在20平方米以上。同时需要对货架进行标示，一般将动力系统、传动系统归为一组，行驶系统、车身系统归为一组，电气系统、空调归为一组，大件归为一组，大总成件归为一组。

(3) 更换下来的索赔旧件需要挂上“索赔旧件”悬挂标签，保证粘贴牢固并按规定填写好标签，零件故障处需要详细填写，相关故障码和故障数据也必须填写完整。“索赔旧件”悬挂标签由汽车制造厂索赔管理部统一印制，特约销售服务站可以向索赔管理部申领。

(4) 故障件的缺陷、破损部位一定要用红色或黑色等不容易脱落的颜料或记号笔作出明显的标记，便于明确损坏的位置。

(5) 对拆卸下来的索赔件应尽可能保持原始故障状态，一般规定不可分解的零件不要擅自分解，否则将视该零件的故障为拆卸不当所致，不予赔偿。

(6) 旧机油、变速箱油、制动液、转向助力液、润滑油脂、冷却液等不方便运输的索赔件无特殊要求不必运回厂家，按当地有关部门规定自行处理，在处理过程中要注意环保。

(7) 在规定时间内将索赔件运回。在回运前索赔员需要填写“索赔件回运清单”，并要注明各索赔件的装箱编号。索赔旧件必须统一装箱，箱子外部按规定贴上“索赔件回运装箱单”，并把箱子密封牢固。

(8) 汽车制造厂索赔管理部对回运的索赔件进行检验后，存在问题的索赔申请将被返回或取消。

(9) 对被取消索赔申请的旧件，各特约销售服务站有权索回，需要承担相应运输费用。

二、索赔件管理流程

该流程一共包含以下7个步骤：

(1) 由维修技师将清洗干净的索赔件送到索赔件库。

(2) 索赔员进行验收之后挂“索赔旧件”标签。

(3) 现场核实旧件厂家代码及损坏件号。

(4) 打印条形码统一挂条形码。

(5) 对照清单将索赔件包装，运输交接单上由物流人员签字。

(6) 返件后索赔员在计算机软件系统中进行跟踪。

(7) 对有问题的索赔件及时与厂家沟通并修改。

三、标签拴挂、粘贴和使用要求

标签的拴挂并不是一件随意的事情，要掌握标签拴挂要求、标签粘贴要求和标签使用要求。

1.标签拴挂要求

要在拴挂标签上如实填写所有的内容，保证字迹清晰和不易褪色。将索赔条形码装入透明的、前端打孔的、可以挤压封口的、长乘宽规格为保修标签大小的塑料袋中并封口；索赔员将标签拴挂到索赔件上，将索赔标签牢固拴挂在索赔件上。可拴挂在有小孔的位置或是闭环的位置，也可拴挂在柱形部位的凹处；用胶带、绳、铁丝等制成闭环来拴挂索赔件标签。

对于蓄电池、消声器等大型件采用较大的透明塑料袋将标签装入后，使有字迹的正面向外，然后用透明胶带粘贴在保修件上。

当一张索赔申请单申报索赔数量为两件以上，邮寄索赔件时，必须将索赔件捆绑在一起，并且保证能直观地看到厂家代码、厂标、生产日期等标记，如图4—2所示。将拴挂标签后的索赔件送入专门的旧件仓库统一保管，以备定期寄回制造厂。

图4—2 索赔件标签拴挂方法

可以用绳或胶带捆绑轻、软、钝的索赔件，用铁丝拴捆重、硬、锐的索赔件。

2. 标签粘贴要求

有的索赔件因形状、结构的特点无法拴挂标签，只能将标签粘贴在索赔件上。

(1) 标签不能粘贴在索赔件的外包装盒上，在保证粘贴牢固的情况下，可粘贴在索赔件件体或内包装上。

(2) 应保证条形码不打折或弯曲，如图4—3所示。

(3) 条形码不能粘贴在有文字、数字、字母和图形处。

(4) 条形码不能粘贴在有油或灰尘的表面上。

3. 标签使用要求

(1) 如果遇到特殊索赔，在拴挂标签备注栏内一定要填写授权号。

(2) 所有标签应由索赔员填写并加盖专用章。

(3) 保证一物一签，物和标签要对应，如图4—4所示。

图4—3 标签粘贴

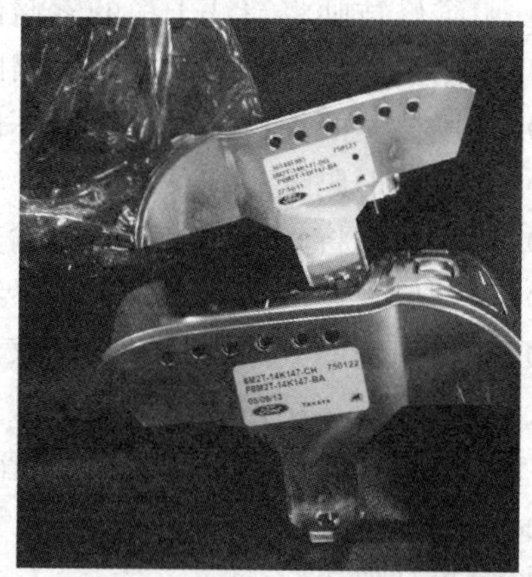

图4—4 标签使用要求

第四节 汽车三包规定

《家用汽车产品修理、更换、退货责任规定》简称三包，是生产厂家对产品的质量担保。质量担保的目的，一方面使用户对汽车生产企业的产品满意；另一方面使用户对汽车生产企业的特许经销商的售后服务满意。这两个因素是维护公司和产品信誉以及促销的决定因素。其中，用户对售后服务是否满意最为重要。质量担保制度是售后服务部门的有力工具，可以用它来满足用户的合理要求。

一、三包责任

1.三包有效期限和费用规定

家用汽车产品包修期不低于 3 年或者行驶里程 60 000 千米，以先到者为准；家用汽车产品三包有效期限不低于 2 年或者行驶里程 50 000 千米，以先到者为准。家用汽车产品包修期和三包有效期自销售者开具购车发票之日起计算。

在家用汽车产品包修期内，家用汽车产品出现产品质量问题，消费者凭三包凭证由修理者免费修理（包括工时费和材料费）。

2.总成更换的条件

家用汽车产品自销售者开具购车发票之日起 60 日内或者行驶里程 3 000 千米之内（以先到者为准），发动机、变速器的主要零件出现产品质量问题的，消费者可以选择免费更换发动机、变速器。发动机、变速器的主要零件的种类范围由生产者明示在三包凭证上，其种类范围应当符合国家相关标准或规定，具体要求由国家质检总局另行规定。

家用汽车产品的易损耗零部件在其质量保证期内出现产品质量问题的，消费者可以选择免费更换易损耗零部件。易损耗零部件的种类范围及其质量保证期由生产者明示在三包凭证上。生产者明示的易损耗零部件的种类范围应当符合国家相关标准或规定，具体要求由国家质检总局另行规定。

3.免费更换、退货的条件

家用汽车产品自销售者开具购车发票之日起 60 日内或者行驶里程 3 000 千米之内（以先到者为准），家用汽车产品出现转向系统失效、制动系统失效、车身开裂或燃油泄漏，消费者选择更换家用汽车产品或退货的，销售者应当负责免费更换或退货。

4.更换、退货的条件

在家用汽车产品三包有效期限内，发生下列情况之一，消费者选择更换或退货的，销售者应当负责更换或退货：

(1) 因严重安全性能故障累计进行了 2 次修理，严重安全性能故障仍未排除或者又出现新的严重安全性能故障的；

(2) 发动机、变速器累计更换 2 次后，或者发动机、变速器的同一主要零件因其质量问题，累计更换 2 次后，仍不能正常使用的，发动机、变速器与其主要零件更换次数不重复计算；

(3) 转向系统、制动系统、悬架系统、前/后桥、车身的同一主要零件因其质量问题，累计更换 2 次后，仍不能正常使用的。

转向系统、制动系统、悬架系统、前/后桥、车身的主要零件由生产者明示在三包凭证上，其种类范围应当符合国家相关标准或规定，具体要求由国家质检总局另行规定。

5.更换的条件

在家用汽车产品三包有效期内，因产品质量问题修理时间累计超过 35 日的，或者因同一产品质量问题累计修理超过 5 次的，消费者可以凭三包凭证、购车发票，由销售者负责更换。

6.维修时间的规定

在家用汽车产品包修期内，因产品质量问题每次修理时间（包括等待修理备用件时）超过 5 日的，应当为消费者提供备用车，或者给予合理的交通费用补偿。

修理时间自消费者与修理者确定修理之时起，至完成修理之时止。一次修理占用时间不足 24 小时的，以 1 日计。

7.更换规定

在家用汽车产品三包有效期内，符合更换条件的，销售者应当及时给消费者更换新的合格的同品牌同型号家用汽车产品；无同品牌同型号家用汽车产品更换的，销售者应当及时向消费者更换不低于原车配置的家用汽车产品。

在家用汽车产品三包有效期内，符合更换条件，销售者无同品牌同型号家用汽车产品，也无不低于原车配置的家用汽车产品向消费者更换的，消费者可以选择退货，销售者应当负责为消费者退货。

8.费用补偿规定

按照三包更换或者退货的，消费者应当支付因使用家用汽车产品所产生的合理使用补偿，销售者依照规定应当免费更换、退货的除外。

合理使用补偿费用的计算公式为：

$$\text{合理使用补偿费}=\frac{\text{车价款（元）}\times\text{行驶里程（千米）}}{1\ 000}\times n$$

使用补偿系数 n 由生产者根据家用汽车产品使用时间、使用状况等因素在 0.5%～0.8%之间确定，并在三包凭证中明示。

家用汽车产品更换或者退货的，发生的税费按照国家有关规定执行。

二、三包争议处理

在执行过程中，如果出现争议，需要按照汽车三包争议处理规定解决。

（1）家用汽车产品三包责任发生争议的，消费者可以与经营者协商解决；可以依法向各级消费者权益保护组织等第三方社会中介机构请求调解解决；可以依法向质量技术监督部门等有关行政部门申诉进行处理。

家用汽车产品三包责任争议双方不愿通过协商、调解解决或者协商、调解无法达成一致的，可以根据协议申请仲裁，也可以依法向人民法院起诉。

（2）省级以上质量技术监督部门可以组织建立家用汽车产品三包责任争议处理技术咨询人员库，为争议处理提供技术咨询；经争议双方同意，可以选择技术咨询人员参与争议处理，技术咨询人员咨询费用由双方协商解决。

（3）质量技术监督部门处理家用汽车产品三包责任争议，按照产品质量申诉处理有关规定执行。

（4）处理家用汽车产品三包责任争议，需要对相关产品进行检验和鉴定的，按照产品质量仲裁检验和产品质量鉴定有关规定执行。

知识链接：

家用汽车产品修理、更换、退货责任规定
（节选）

第二章　生产者义务

第八条　生产者应当严格执行出厂检验制度；未经检验合格的家用汽车产品，不得出厂销售。

第九条　生产者应当向国家质检总局备案生产者基本信息、车型信息、约定的销售和修理网点资料、产品使用说明书、三包凭证、维修保养手册、三包责任争议处理和退换车信息等家用汽车产品三包有关信息，并在信息发生变化时及时更新备案。

第十条　家用汽车产品应当具有中文的产品合格证或相关证明以及产品使用说明书、三包凭证、维修保养手册等随车文件。

产品使用说明书应当符合消费品使用说明等国家标准规定的要求。家用汽车产品所具有的使用性能、安全性能在相关标准中没有规定的，其性能指标、工作条件、工作环境等要求应当在产品使用说明书中明示。

三包凭证应当包括以下内容：产品品牌、型号、车辆类型规格、车辆识别代号（VIN）、生产日期；生产者名称、地址、邮政编码、客服电话；销售者名称、地址、邮政编码、电话等销售网点资料、销售日期；修理者名称、地址、邮政编码、电话等修理网点资料或者相关查询方式；家用汽车产品三包条款、包修期和三包有效期以及按照规定要求应当明示的其他内容。

维修保养手册应当格式规范、内容实用。

随车提供工具、备件等物品的，应附有随车物品清单。

第三章　销售者义务

第十一条　销售者应当建立并执行进货检查验收制度，验明家用汽车产品合格证等相关证明和其他标识。

第十二条　销售者销售家用汽车产品，应当符合下列要求：

（一）向消费者交付合格的家用汽车产品以及发票；

（二）按照随车物品清单等随车文件向消费者交付随车工具、备件等物品；

（三）当面查验家用汽车产品的外观、内饰等现场可查验的质量状况；

（四）明示并交付产品使用说明书、三包凭证、维修保养手册等随车文件；

（五）明示家用汽车产品三包条款、包修期和三包有效期；

（六）明示由生产者约定的修理者名称、地址和联系电话等修理网点资料，但不得限制消费者在上述修理网点中自主选择修理者；

（七）在三包凭证上填写有关销售信息；

（八）提醒消费者阅读安全注意事项、按产品使用说明书的要求进行使用和维护保养。

对于进口家用汽车产品，销售者还应当明示并交付海关出具的货物进口证明和出入境检验检疫机构出具的进口机动车辆检验证明等资料。

第四章　修理者义务

第十三条　修理者应当建立并执行修理记录存档制度。书面修理记录应当一式两份，一

份存档；一份提供给消费者。

修理记录内容应当包括送修时间、行驶里程、送修问题、检查结果、修理项目、更换的零部件名称和编号、材料费、工时和工时费、拖运费、提供备用车的信息或者交通费用补偿金额、交车时间、修理者和消费者签名或盖章等。

修理记录应当便于消费者查阅或复制。

第十四条 修理者应当保持修理所需要的零部件的合理储备，确保修理工作的正常进行，避免因缺少零部件而延误修理时间。

第十五条 用于家用汽车产品修理的零部件应当是生产者提供或者认可的合格零部件，且其质量不低于家用汽车产品生产装配线上的产品。

第十六条 在家用汽车产品包修期和三包有效期内，家用汽车产品出现产品质量问题或严重安全性能故障而不能安全行驶或者无法行驶的，应当提供电话咨询修理服务；电话咨询服务无法解决的，应当开展现场修理服务，并承担合理的车辆拖运费。

第五章 三包责任

第二十四条 在家用汽车产品三包有效期内，符合更换条件的，销售者应当自消费者要求换货之日起 15 个工作日内向消费者出具更换家用汽车产品证明。

在家用汽车产品三包有效期内，符合退货条件的，销售者应当自消费者要求退货之日起 15 个工作日内向消费者出具退车证明，并负责为消费者按发票价格一次性退清货款。

家用汽车产品更换或退货的，应当按照有关法律法规规定办理车辆登记等相关手续。

第二十六条 在家用汽车产品三包有效期内，消费者书面要求更换、退货的，销售者应当自收到消费者书面要求更换、退货之日起 10 个工作日内，作出书面答复。逾期未答复或者未按本规定负责更换、退货的，视为故意拖延或者无正当理由拒绝。

第二十七条 消费者遗失家用汽车产品三包凭证的，销售者、生产者应当在接到消费者申请后 10 个工作日内予以补办。消费者向销售者、生产者申请补办三包凭证后，可以依照本规定继续享有相应权利。

按照本规定更换家用汽车产品后，销售者、生产者应当向消费者提供新的三包凭证，家用汽车产品包修期和三包有效期自更换之日起重新计算。

在家用汽车产品包修期和三包有效期内发生家用汽车产品所有权转移的，三包凭证应当随车转移，三包责任不因汽车所有权转移而改变。

第二十八条 经营者破产、合并、分立、变更的，其三包责任按照有关法律法规规定执行。

第五节 汽车产品召回

一、召回概述

1. 概念

汽车产品召回是按照法定的要求和程序，由缺陷汽车产品制造商对其已售出的汽车产品进行的消除其缺陷的过程，由制造商以有效方式通知销售商、修理商、车主等有关方关于缺陷的具体情况以及消除缺陷的方法等事项，并由制造商组织销售商、修理商等通过修理、更换、退货等具体措施消除其汽车产品缺陷。

根据汽车召回制度，投放市场的汽车如果发现由于设计或制造方面的原因存在缺陷，不符合有关法规、标准，有可能导致安全及环保问题，厂商必须及时向该国有关部门报告该产品存在问题、造成问题的原因、改善措施等，提出召回申请，经批准后对在用车辆进行改造，以消除事故隐患。此外，厂商还有义务让用户及时了解有关情况，并积极进行召回处理。

汽车产品召回已经成为一种成熟的解决汽车产品缺陷的机制，为保障社会公众人身、财产安全和各国汽车行业的健康发展做出了巨大贡献。

2. 召回类型

(1) 主动型。主动型召回指汽车品牌授权服务站主动向客户发挂号信并电话通知，约定在之后的某一个时间段内对车辆某个部件或零件/总成进行召回并免费更换或技术升级，消除安全隐患或技术/材料的缺陷。汽车厂商可根据召回车辆的数量、范围以及工作难度设定完成率，例如 2 个月完成率为 40%、6 个月完成率为 95%等。

(2) 被动型。被动型召回是指不特别要求客户在某一时间内进厂，而是在客户车辆维护或检修时进行检查维修，根据厂商召回政策给予免费升级或更换零部件，厂商设定完成率，例如 6 个月完成率为 70%。

二、召回方式

汽车产品召回方式各不相同，可分为自主型、强制型和自主、强制结合型。自主型汽车召回是指企业自行按照国家提出的标准进行研发和生产，企业自行承担全部责任。国家有关部门在市场进行质量抽查，如果发现有缺陷汽车产品的存在，就进入汽车召回管理的相关程序，鼓励其主动召回，消除缺陷影响。美国采取自主型召回方式。强制型汽车召回是指国家对汽车生产厂商提出产品的各项标准，并到国家相关机构进行认证，保证产品标准和生产一致性后可以投入大规模生产和使用，国家对社会承担责任，保证汽车安全使用。欧洲大部分国家和日本采用强制型召回方式。我国在参考美国和日本等国家的模式后，使用企业自行发现缺陷提出召回和根据国家指令进行召回两者结合的自主、强制结合型的召回方式。

三、召回与三包的区别

汽车三包是指汽车销售者按照《家用汽车产品修理、更换、退货责任规定》的要求，通过修理、更换、退货的方式解决汽车产品质量问题的过程。

汽车召回和汽车三包都以强化生产经营者对产品质量的主体责任、保护消费者合法权益为根本目标。两者都是对已销售的汽车产品进行后市场管理，起到相互支持和相互补充的作用。汽车召回与汽车三包都是通过免费修理、更换或退货等服务措施为消费者解决产品质量问题。但是汽车召回与汽车三包有着本质的不同，主要体现在以下几个方面：

1. 责任性质和责任主体不同

汽车召回属于行政责任范畴，责任主体是生产者。汽车三包属于民事责任范畴，责任主体是销售者，销售者在承担三包责任后有权按照合同约定向生产者追偿。

2.调整的汽车产品范围不同

汽车召回涵盖各种汽车（包括载客汽车和载货汽车）与汽车挂车，无论车辆是家用还是公用，无论是消费品还是生产资料，都被纳入召回监管范围。而汽车三包的产品范围仅限于家用汽车产品，也就是消费者为生活消费需要而购买和使用的乘用车，其范围比汽车召回的监管范围要窄。

3.解决的产品质量问题的性质不同

汽车召回解决的是普遍性、安全性的产品质量问题，主要目的是防止缺陷产品对消费者和公众产生人身伤害和财产损失，维护公共安全。汽车三包解决的是个案性的或非安全性的产品质量问题，主要目的是保护消费者合法权益不受侵害，维护消费者利益。

复习思考题

一、判断题

1.强制型汽车召回是指企业自行按照国家提出的标准进行研发和生产，企业自行承担全部责任。（ ）

2.因为环境、自然灾害、意外事件造成的车辆故障不属于保修索赔范围。（ ）

3.对拆卸下来的索赔件可进行分解以便了解故障原因。（ ）

4.在家用汽车产品三包有效期内，符合更换条件的，销售者应当及时向消费者更换新的合格的同品牌同型号家用汽车产品。（ ）

5.召回的进口汽车，其销售的企业被视为生产者。（ ）

二、思考题

1.召回和三包的区别体现在哪些方面。

2.如何处理客户的索赔要求？

第五章　汽车售后服务企业车间管理

学习目标

1. 了解汽车售后服务企业车间功能设施的定位及划分。
2. 熟悉汽车售后服务企业安全生产管理的具体措施。
3. 熟悉汽车售后服务企业环境保护工作要求。
4. 掌握 5S 管理内容，能够顺利实施 5S 管理活动。

为了维持良好的生产秩序，提高劳动生产率，保证生产工作的顺利进行，需要制定相关的车间管理制度和规定，科学合理地对企业车间进行管理。

第一节　汽车售后服务企业车间区域划分

汽车服务企业车间日常进出的人员和车辆很多，通过对工作区域进行规划，确定工作的区域功能，能够保证维修工作的顺利进行。

一、车间设施功能定位与区域划分原则

汽车售后服务企业车间按照设施功能定位划分为维修车间。维修车间、钣金车间和喷漆车间。车间设施功能定位和区域划分一般遵循以下原则：

1. 保证整个维修过程顺畅

(1) 对于机器设备及工作区域作适当的安排，以最短搬运距离为原则。

(2) 尽量减少搬运动作。

(3) 保持良好的工作环境，以防止配件、维修件在运送过程及储存时造成损坏。

(4) 适当的工作流程安排，使每项工作均易于识别。

2. 维修车间布置的弹性

使车间的布置能适应未来企业规模改变的需要，也就是预留空间以供扩充之用，或利用非永久性的隔间墙。

3.有效地利用各类机器设备

适当地选择安排各类机器设备，充分有效地运用机器设备，使固定成本投资得以减少。

4.充分有效地利用车间空间

在各工作区域内各项作业操作灵活方便的原则下，使空间使用最小，也就是使车间每一作业空间所花费的成本最低。

5.充分有效地运用人力资源

要充分有效地利用人力资源，消除人力和时间上的浪费，其方式如下：

（1）尽量以自动化或机械化的设备代替人工操作，避免重复性搬运。

（2）减少人员的走动。

（3）实行有效的奖励政策。

6.减少各项搬运动作

使各项搬运距离减少、搬运的次数减少。

7.提供舒适、安全、方便的工作环境

应该注意车间内光线、温度、通风、安全、噪声等事项，以提供作业人员舒适、安全、方便的工作环境。

二、车间功能基本参数

1.车辆工位数确定

适当合理的车辆工位数规划是有效利用场地资源的重要手段，工位数过少满足不了要求，工位数过多造成资源浪费。合理的车辆工位数可按下列公式计算：

$$\text{车辆工位数}=\frac{\text{年维保车辆台数（预测）}\times\text{每年同一台车辆维修平均次数}\times\text{单车平均工作小时}\times\text{单一工位数与全部工位数之比}}{\text{每位修理工的年工作小时}}$$

2.直接维修员工数确定

直接维修员工数是指直接参与维修作业的员工数。该项目依据业务环境、设备和工具配置和车辆工位数计算，公式如下：

$$\text{直接维修员工数}=\frac{\text{车辆工位数}}{\text{维修员工数与车辆工位数之比}}$$

例如，车辆工位数为10，维修员工数与车辆工位数之比为1.3，那么直接维修员工数=10/1.3=7.7，取整数为7人。

3.间接维修员工数

为了降低成本，最大限度地发挥每个人的能力，应做到一人多能，达到饱满工作量。间接维修员工的总数根据直接维修员工数计算，并要考虑所需人员的总数。一般间接维修员工数为直接维修员工数的30%，如直接维修员工数为10人，则间接维修员工数为3人。

4.维修停车位数目

综合考虑汽车展位、本企业自用车辆车位，维修停车位（修前、修后）应本着最低标准来定，这样做是为了减少在修车辆的在厂周期（送修的车尽快进入维修车工位，修完的车尽快通知客户提车），充分利用场地资源。

维修停车位数目一般为车间维修工位的 1/6 或 1/8，其他专用车位根据实际需求而定。钣金与油漆工位数一般依据实际业务量而定，基本原则一般为全部修车工位的 1/3。

总之，依据服务流程和工艺流程来确定车间场地规模和布局，配置员工人数，能够使汽车售后服务企业的车间设施功能定位与区域划分达到最优化的效果。

三、车间设施功能具体定位与区域划分

1.维修车间设施功能定位与区域划分

一般维修车间可以划分为发动机维修区、四轮定位区、大修间、修理工位区等，每个区域是相对独立的，但又以工艺流程互相关联。因此，一般维修车间的设施功能定位和区域划分要考虑缩短运输距离，减少搬运，提高效率，可以将工具室、配件室等紧密联系起来。

（1）发动机维修区。以往会将发动机部门的工作分成非常多的小部门处理，如电动机故障排除、快速维护等。但是，现代化的汽车维修已不是单一的故障模式处理方式可以解决的，多数是整合性的系统问题，所以，如何设计一个符合整合性问题处理的工作站是非常重要的。

整合就是将以往分为各种组别的工作集合到一个人身上，对工作位置的设计就是要使其成为综合处理的作业区，除此之外应同时考虑到作业的方便性和工作安全。

（2）四轮定位区。四轮定位区的设置应同时考虑其相关作业的方便性，由于场地与设备的关系，在处理调整定位角度时应该容易看到仪器上显示的画面。同时，由于定位机通常会采用红外线或其他无线传输方式，在配置时应避免太阳直射，以免影响红外线作业。

（3）大修间。大修间的通道要比一般的主通道宽，最好能在 1 500 毫米以上，不小于 1 200 毫米。这样在搬运作业时才会方便，而且每个工作台必须要有一张工作桌配合作业。

大修间面积必须大于 24 平方米，以符合乙级汽车修理工厂设计标准。

（4）修理工位区。通常理想的工位与通道有成 15°、30°、90°角等几种选择，最好用 90°方式。为了有效地利用通道，将整个工作区设计成“非”字形是最理想的。

工作区所包含的每一项位置都应该定位，以避免使整个工作区杂乱无章。下面以 30°、90°角车位布置为例，说明各作业位置尺寸和各种不同作业间不同的场地布置方法。

1）30°角车位布置图如图 5—1 所示。

① 车头至墙的距离建议为 2 000 毫米，如果因为场地的关系可以减少为 1 500 毫米，但是采用这样的设计则不适合放置工作桌。

② 车位宽度可因维修车辆的大小选择 3 600～4 000 毫米之间的尺寸。

③ 场区采用 30°或 15°角的布置法，目的在于减少场区的宽度。

④ 墙边规划 1 000～1 500 毫米的空间，方便四个角落停放车辆以及存放移动设备。

⑤ 车位长度设计成 8 000 毫米，使用时到车尾的实际长度为 7 500 毫米左右。

⑥ 车道宽度设计成 6 000 毫米，但是如果加上到车尾部分约 500 毫米的宽度，实际上有 7 000 毫米的宽度。

⑦ 举升机的中心位置应根据车头到墙边的距离而定，如车头到墙边距离为 2 000 毫米时，中心位置可以为 4 000～4 300 毫米，依维修车辆而确定。

2）90°角车位布置图如图 5—2 所示。

① 车头至墙的距离建议为 2 000 毫米，如果因为场地的关系可以减少为 1 500 毫米，但

是采用这样的设计则不适合放置工作桌。

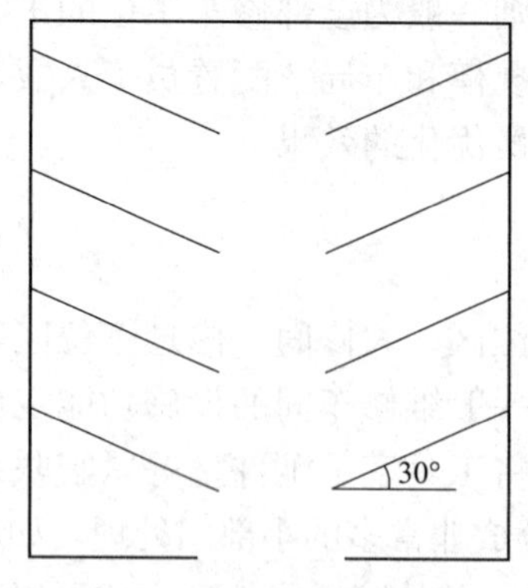

图 5—1　30°角车位布置图

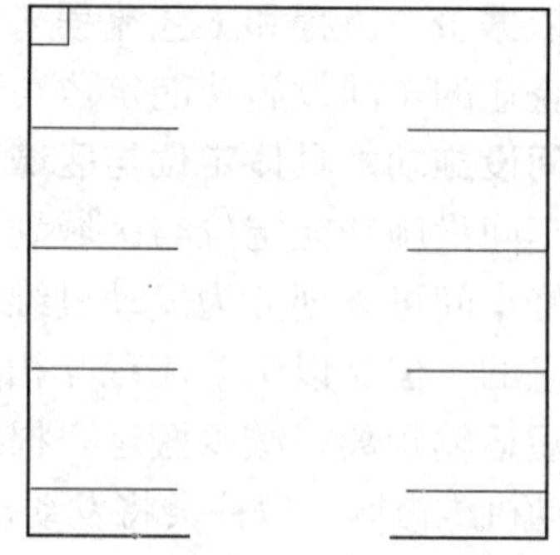

图 5—2　90°角车位布置图

② 车位宽度可因维修车辆的大小选择 3 600～4 000 毫米。通常中型车建议采用 3 800 毫米以上宽度，避免车门全开时碰到旁边的车辆。

③ 墙边规划为 1 000～1 500 毫米的空间，以方便四个角落停放车辆的作用，以及有存放各式移动设备的空间。

④ 车位长度设计为 8 000 毫米，使用时到车尾的实际长度为 7 500 毫米左右。如果不考虑工作车位长度可以减少为 7 500 毫米，同时实际长度变为 7 000 毫米。

⑤ 车道宽度设计成 6 000 毫米，但是如果加上到车尾部分约 500 毫米的宽度，实际上是有 7 000 毫米的宽度。

⑥ 举升机的中心位置应根据车头到墙边的距离而定，如果采用 2 000 毫米时，中心位置可以是 4 000～4 300 毫米。这个距离的确定取决于维修车辆的大小。

2. 钣金车间设施功能定位与区域划分

钣金作业需要有一座大型的拆卸配件储存仓库。目前严重事故的碰撞车辆所占的比例大约占维修车辆总数的 5%，一般的小事故碰撞车辆大约占维修车辆总数的 15%。虽然这两种类型的碰撞所占的百分比不高，但是其所消耗的工时却比较高。

(1) 严重事故碰撞钣金工作区。一般来讲，严重事故碰撞车辆维修时，需要采用大梁校正仪或汽车钣金整形校正设备等设施设备，其占地面积相对较大，往往成为钣金车间工作效率的瓶颈。

(2) 小事故碰撞钣金工作区。小事故碰撞车辆维修时，通常采用点焊机、电弧焊机、切割机等小型设备，其周围的合理布局也是影响钣金车间工作效率的重要方面。

(3) 钣金拆卸配件仓库。一个好的钣金车间，必须要有一个良好的拆件车和钣金配件储存仓库来配合，使整个厂区看起来非常整洁。通常，拆件车的数量为钣金工位的 2～3 倍才足够。

3. 喷漆车间设施功能定位与区域划分

喷漆工艺较为复杂，根据一般标准工序，其流程大约分为喷漆前的准备、喷漆和喷漆后的处理。因此，喷漆车间的设施功能定位和区域划分就是围绕这三大工序来进行的，除此之外还有调漆房。

（1）喷漆准备区。喷漆准备区主要进行喷漆的前期工作，如补漆作业、打磨作业和相关研磨等，该区域禁止从事相关喷涂作业。所有的喷涂工作都应该在喷漆房（烤漆房）进行，除非准备区的通风系统是经过改良，否则，车身上会产生大量粉尘，造成工时的浪费。

（2）喷漆。喷漆就是在喷漆房对喷漆对象进行喷漆作业。

喷漆房是提供涂装作业专用环境的场所，能满足涂装作业对温度、湿度、光照度、空气洁净度等的要求，能将喷漆作业时产生的漆雾及有机废气限制并处理后排放。喷漆房的种类、型号、规格、场所和数量对整个汽车售后服务企业的效率有着巨大的影响。一般标准的喷漆房都是 7 米×4 米，高度则为 2.8 米，如果作业空间允许应选择 3 米的高度，低于 2.8 米的高度则不能够有效地运作。

（3）喷漆后的处理。喷漆后的处理主要是指喷漆工序中的干燥、打磨和抛光。喷漆房具备干燥的功能，一些拆卸后的零部件喷漆或是汽车覆盖件的局部喷漆多采用红外线烤灯等设备，以节约工作时间、减少不必要的能源支出和提高整个喷漆车间的生产效率。

除了按工序来对喷漆车间进行区域划分外，调漆房是喷漆车间必不可少的设施。为了防止调漆时挥发性有机溶剂向外扩散，其室内压力设计值应小于大气压力，同时相关排气管路应设计离地面 200～300 毫米较为合适，不要设计得过高，以免使整个调漆房充满有机溶剂，不利于员工健康。

第二节　汽车售后服务企业安全生产管理

一、汽车售后服务企业安全生产管理的意义

目前，我国安全生产法律法规体系已经基本形成，《中华人民共和国安全生产法》的制定，使企业进入安全生产管理的新时期。“安全第一、预防为主、综合治理”已经列为我国处理生产、生活问题的基本思维模式和行为准则。

汽车售后服务企业需要树立正确的企业安全生产观念，应该在企业利润和社会责任、安全生产、竞争与效益之间找到平衡，这样才能促进和实现企业的可持续发展。在汽车售后服务企业的经营方针、业绩考核体系中，必须将社会责任和安全责任纳入其中，并付诸实施。

汽车售后服务企业安全生产管理和环境污染防治，对于社会和企业的发展有着深远的意义。

汽车售后服务企业有特殊的生产方式，汽车油漆，油料，各类清洗、保护化学品，金属及橡胶件等，涉及安全和环保问题。汽车是与现代化工业生产和科学技术飞速发展相伴生的产品，在给人们生活带来享受的同时，随之而来的是潜在危险性和不安全因素在增加，为了保证安全，人们不断地总结经验，研究对策，采用各种安全技术措施预防灾害事故的发生，有效控制、治理各种潜在危险源。现代汽车售后服务企业已普遍实施危险源辨识、评价、预防、治理等一系列安全工程的系统技术，保障安全生产，为员工创造一个平安的工作环境。

二、企业安全管理的内容和基本原则

1.企业安全管理的定义和内容

企业安全管理是以实现安全保障为目的，以国家的法律、规定和技术标准为依据，运用现代安全管理原理和方法，采取经济、文化等手段，科学地组织、指挥和协调，对企业生产的安全状况实施有效制约的一切活动。

企业安全管理的对象包括企业经营者、生产管理者、生产人员在内的全体员工，生产的设备和环境，生产的动力和能量以及管理的信息和资料。企业安全管理内容主要包括安全行政管理、安全技术管理和职业卫生管理。

安全行政管理主要指以行政手段对企业职工行为进行规范，包括企业安全决策、计划的制订与实施、安全生产责任制的落实、各项规章制度的执行以及日常的安全教育、检查、隐患治理、事故处理等依靠行政命令执行的工作。

安全技术管理要以国家技术标准的安全要求为依据，对设备、设施、装置等是否符合标准状态进行检查、维修等管理工作。

职业卫生管理主要是指检查作业环境是否符合安全卫生要求，对职工的健康检查，职业病的预防、调查、报告等管理工作。

2.企业安全管理的特点

企业的安全管理工作通常具有以下特点：

(1) 预防性。安全管理必须树立“预防为主”的思想，必须把安全工作做在事故发生之前，尽一切努力杜绝事故发生。预防性是安全生产管理的显著特点。

(2) 长期性。任何企业只要生产活动还在进行，就有不安全的因素存在，就必须做好安全管理。这一特点决定了安全工作是一项长期、经常、艰苦细致的工作。

(3) 科学性。安全工作有其规律性，各种安全制度、规程都是实践经验的总结。企业职工必须不断学习有关安全的科学知识，采取科学的预防措施才能掌握安全生产的主动权。

(4) 群众性。安全生产是一项与广大员工切身利益密切相关的工作，必须建立在广泛的群众基础上，全员参与，人人重视，安全才能得以保证。

我国现行的安全生产管理体制是“企业负责”。企业负责是指企业的经营管理者必须为职工的职业活动提供全面的安全保障，对职工在劳动过程中的安全、健康负有领导责任。一方面，企业法人代表对企业安全生产全面负责，要全面落实安全生产责任制；另一方面，企业作为独立的法人团体，对企业发生的事故应当承担法律责任、行政责任或经济责任。

3.企业安全管理基本原则

(1)“生产、安全同时抓”原则。一切从事生产、经营活动的单位和管理部门都必须管安全，在管理生产的同时认真贯彻执行国家安全生产的法规、政策和标准，制定本企业、本部门的安全生产规章制度，包括各种安全生产责任制、安全生产管理规定、安全卫生技术规范、岗位安全操作规程等，健全安全生产组织管理机构，配齐管理责任人员。

(2)“安全具有否决权”原则。安全工作是衡量企业经营管理工作好坏的一项基本内容。在对企业进行各项指标考核、评选先进时，必须要首先考虑安全指标的完成情况。安全指标具有一票否决权。

(3)“三同时”原则。凡是我国境内新建、改建、扩建的基本建设项目、技术改造项目和引进的建设项目，其劳动安全卫生设施必须符合国家规定的标准，必须与主体工程同时设计、同时施工、同时投入生产和使用。

(4)“五同时”原则。企业的生产组织及领导者在计划、布置、检查、总结、评比生产工作的时候，同时计划、布置、检查、总结、评比安全工作。

(5)“四不放过”原则。调查处理工伤事故时，必须坚持事故原因分析不清不放过，事故责任和群众没有受到教育不放过，没有采取切实可行的防范措施不放过，事故责任者没有被处理不放过。

三、汽车售后服务企业安全管理和实施

国家标准和地方、企业标准都分别明确了安全生产条件和环保条件，为汽车售后服务企业的经营提出了明确的条件限制和运营规范。

1. 安全管理制度

企业应具有与其维修作业内容相适应的安全管理制度，建立并实施安全生产责任制。安全管理制度应包括安全生产和消防两大方面，在具体制度建立中要包含停车场、维修车间、库房、重要工位等，并应注重发生事故处理预案的制定。

安全生产管理制度要求设立公司内部安全生产工作的综合监督管理部门，依照国家有关安全生产的法律、法规的规定，对安全生产工作实施归口管理。做好安全管理的根本是落实安全管理制度，以此建立健全维修企业安全生产的责任制。

案例：

某汽车售后服务企业的安全生产管理制度

(1) 为加强企业安全生产管理，防止和减少事故发生，保障职工的生命和财产安全，特制定本制度。

(2) 凡在本企业管理范围内从事与安全生产活动有关的单位和个人，必须遵守本制度。

(3) 安全生产贯穿于汽车维修生产的全过程，必须贯彻“安全第一、预防为主”的方针，坚持区域（专业）管理和谁主管谁负责、谁审批谁负责的原则。

(4) 各部门必须严格遵守国家有关安全生产的法律、法规，正确处理安全与效益、安全与生产、安全与发展、安全与稳定的关系，努力改善劳动条件，确保安全生产。

(5) 总经理、各部门主要负责人是本企业、本部门安全生产的第一责任人，分别对其所辖区域的安全生产工作全面负责。

(6) 各部门从业人员有依法获得安全生产保障的权利，并应依法履行安全生产方面的义务。

(7) 各级工会组织应依法组织职工参加本单位安全生产工作的民主管理和民主监督，维护职工在安全生产方面的合法权益。

(8) 建立企业安全生产委员会和各部门（专业）安全生产委员会分会，加强对安全生产工作的领导，支持、督促各有关部门或个人认真履行安全生产管理职责。

(9) 各部门应采取各种形式，加强对有关安全生产的法律、法规和安全生产知识的宣传，提高职工的安全生产意识。

（10）企业鼓励和支持安全技术研究和安全生产先进技术推广应用，提高安全生产管理水平。公司对在改善安全生产条件、防止安全事故、参加抢险救护等方面取得显著成绩的部门和个人给予奖励。

本制度依据国家现行的有关安全生产的法律、法规、标准、规范、规程和上级部门对安全生产管理的规定编制。

2. 汽车售后服务企业安全管理具体措施

汽车维修过程中，产生不安全行为的主要原因如下：①员工接受安全教育不够，缺乏安全常识，对潜在危险因素无意识，从而产生不安全行为。②准备工作不充分，安全隐患没有排除即开始作业。③作业方法不正确，造成操作失控导致事故。④简化规定操作程序，监督不严格，造成违章作业、产生不安全因素。⑤安全保护由于人为和其他原因失效或取消，机械设备处于不安全状态。⑥危险场所没有保护措施，进入危险场所没有防护。⑦检修、保养、清洁工作在机械设备未停机、断电状态时进行。⑧在危险和有污染危害的场所作业，未做人体防护处理。

以上不安全行为的发生有生理、心理和环境因素，而环境因素更重要。要加强员工行为和环境的管理，使操作者养成按章作业的习惯，避免不安全因素的产生，严格规定生产作业程序，强化生产过程监督，按生产维修流程执行，事故就会得到有效预防。

（1）管理层面采取的安全措施：

1）企业应在充分了解生产作业过程及其所涉及的人员、技术、设备的基础上，仔细甄别安全隐患，防微杜渐，从细小的地方做起，针对不同的工种和设备，制定符合安全原则的操作工艺和规程；落实安全责任制，将管理、宣传、实施、监督等责任具体落实到人，并给予公示。

2）在企业内部进行全员安全培训，确保所有员工（包括新进员工）明确地知道安全生产的重要性，明确地理解企业的安全管理方针和理念，熟练地掌握本岗位和所操作机械设备的安全操作规程。

3）工作过程中，所有作业人员应遵章守纪，服从指挥，规范作业。

4）定期开展安全教育和整顿。对一段时间内发生的安全事故进行统计和公告，总结事故发生原因，改进相应操作和规定。根据人员变动等新情况对实施细则进行调整。变更内容同样需要公示。

（2）维修场地的安全措施：

1）维修车间的平面布局合理，维修工位和车辆通道要合理搭配，以保证维修车辆进出方便。

2）每个维修工位要有足够的面积和高度。

3）维修车间通风、采光应良好。

4）维修车间的消防设施应齐全、良好。

5）维修车间应有合理的供、排水系统。

6）维修车间应采用合理的地面防滑措施。

7）面积较大的维修车间应设有可供人员逃生的紧急疏散安全通道。

8）不要放置不必要的物品，以免成为通行障碍。

（3）维修人员的安全措施：

1）特种作业人员须按过国家有关规定经专门的安全作业培训，取得特种作业操作资格证书方可上岗。

2）企业应教育和督促全体人员严格执行本单位的安全生产规章制度和安全操作规程。

3）维修人员应了解其作业场所和工作岗位存在的危险因素、防范措施及事故应急措施，及时对企业的安全生产工作提出建议。

4）维修人员在维修作业过程中，应严格遵守本企业的安全生产规章制度和操作规程，服从管理，正确使用劳动防护用品。

5）维修人员应接受安全生产教育和培训，掌握安全生产知识，提高安全意识，增强事故处理能力。

6）企业管理人员不得违章指挥，不得侵犯维修人员合法利益。

（4）保护客户的安全措施：

1）确保客户在经销店各区域不迷路。

2）确保客户不被放置的物品击中。

3）确保客户停车场无危险因素，设置停车轮挡。

4）确保儿童游乐区无危险。

（5）维修设备使用的安全措施：

1）设备应经常维护，定期检查。

2）危及生产安全的工具、设备应及时淘汰。

3）选购设备时优先考虑其安全性。

4）各设备使用时不得相互干涉。

（6）维修车辆试车或移动的安全措施：

1）针对试车或移动应制定专门的制度。

2）试车或移动应由安全意识和驾驶技术好的人员担任。

3）未经允许不得随意移动车辆或试车。

4）车间规划设计时应考虑车辆的专用通道、移动路线并设置限速牌、反光镜等。

（7）危险品使用的安全措施：

1）危险品应存放于专门的危险品仓库，并由专人管理。

2）危险品在运输、使用、存放过程中应注意密封、轻拿轻放、避免高温等。

3）危险品附近应配备消防器材。

（8）正确穿戴劳动防护用具。汽车售后服务企业用到的劳动保护用品有六大类：头部护具类、呼吸护具类、眼（面）护具类、防护服类、防护鞋类、防坠落护具类。

（9）急救措施：

1）配备急救箱，并将急救箱放置在容易辨认的场所。

2）急救箱中必须放入止血、消毒和烫伤类药品，以及绷带、创可贴等。

3）指定责任人，定期检查急救箱中药品，处理过期药品及补充新药品。

四、汽车售后服务企业消防工作

汽车售后服务企业是多工种的生产企业，生产作业环境比较复杂，尤其是危险货物运输车辆维修，如果对火灾没有充分认识，对防火工作掉以轻心，加上使用的化学品如汽油、油漆、清洗用品等都是易燃、易爆品，随时都会带来火灾威胁，维修企业需要在火灾的防范上有周全的预防措施。

1.汽车维修企业的安全防火工作

汽车维修企业的安全防火工作应该从以下几个方面着手：

（1）划定特殊作业区域。汽车维修作业的特殊性是工种多，工序交替，但对特定的维修作业必须有特别指定的作业区域，如钣金焊接区以焊接和切割作业为主，需要良好通风，并与易燃易爆品如香蕉水、油漆、化学清洗剂品库隔离，以保证动火安全，同时作业人员必须经过专业培训，持证上岗。

（2）杜绝明火。杜绝明火是消防工作的重中之重，要落实一把手负责制度，制定切实可行的方案，防止火种的产生和蔓延，要执行“四个坚持”“十项禁令”。

四个坚持：坚持一把手负责和轮流值班制度；坚持定时巡检制度；坚持生产区域无火作业制度；坚持危险品隔离制度。

维修车间十项禁令：①不准吸烟；②不准使用电热水器、电炉等电热器具；③不准存放与设备无关的资料和备件外的其他材料、物品；④不准作临时仓库用；⑤不准设置沙发；⑥不准无关人员进入；⑦不准乱拉乱搭电线；⑧不准用汽油等易燃液体擦拭地板；⑨不准存放易燃、可燃液体和气体；⑩不准把香烟带入车间。

（3）重点保护。汽车维修企业要根据自身特点，划定专项作业区域，列出可能出现的火灾重点部位，如汽油库、油漆库、遇火种非常容易出现火灾，应予以重点保护。

（4）设置专用消防通道。要合理设置消防安全通道，管理中应做到井然有序，不要乱放车辆物料，以免堵塞大门、通道。

（5）完善消防系统配置。首先，要从组织着手，落实第一责任人负责制度，按维修企业规模形成多级管理网络，划定责任区域、指定区域负责人，做到定时巡检、轮流值班、交接检查，确保每天都有记录。其次，要保证设施齐全，即做到灭火器材充足，规格型号适当；配齐消火栓、消防沙箱、消防水桶；落实责任人，固定配置地点。每次检查的记录必须完善。

（6）制定消防预案。汽车维修企业一般由办公区域、维修车间、停车场、配件仓库和危险品库组成，虽然规模不大，但结构非常复杂，因此火灾隐患具有区域的不定性，类型的综合性，需要制定的消防预案要按部门、按人员划分。

2.汽车售后服务企业防火工作措施

（1）落实危险品仓库的防强电、防煤气侵入的防护措施。危险品仓库接地线应性能良好，能可靠防雷，其接闪装置和引线的电阻应不大于 10 Ω，每年雷雨季节之前应对接地电阻进行测试，不合格的要及时整改。

（2）避雷装置的地线与设备、信号线、电源线的地线按照联合接地的要求进行连接。

（3）计算机房、油库和危险品库的防强电侵入的防护装置要经常测试与维护，装置受到损坏的、动作迟缓不起作用的要及时更换。

(4) 严格库房装修和仓库内部的安全管理。库房不准使用木板、纤维板、塑料板等易燃材料装修。吊顶、隔墙、空调通风管道、门窗窗帘等均应采用非燃烧材料制作以提高耐火等级。库房实行防火区域分隔，楼内电缆竖井、孔洞必须全部封堵，安装和管理好中央空调和通风管道。不同危险等级的库房与库房之间、维修区域与办公区之间要有防火区域分隔。中央空调通风管道穿越库房隔墙、楼板时，与垂直总风管交接的水平管道上应设防火阀门。通风管道应使用硅酸铝、矿渣棉等非燃烧材料。

(5) 加强易燃易爆物品的管理。库房和维修生产场地严禁吸烟。

(6) 消防通道、楼道内、库房内的包装箱、废包装纸、打印纸等易燃物品要随时清理，不得积压。

(7) 严格明火管理，明火作业要报安保部门批准，核发“动火证”并制定安全防范措施。

(8) 维修中必须使用的汽油、煤油、丙酮等易燃液体，应限量储存，严格管理。

第三节　汽车售后服务企业环境保护

一、汽车售后服务企业环境保护要素

汽车售后服务企业对环境的侵害已经引起国内外的一致重视，维修中产生的噪声、空气污染、污水、废油和其他化学废弃物对环境会造成不同程度的破坏。

1. 汽车售后服务企业环境污染相关问题

(1) 不合适的选址。过于靠近学校、商业区和居住区，造成噪声污染。

(2) 排放污染。发动机废气排放，包括测试、调校发动机产生的废气；车身喷漆产生的污染气体；用有机溶剂去除旧漆层、清洗发动机零件产生的有机挥发气体；打磨车身产生的粉尘；焊接产生的光污染和烟雾；切割金属车身产生的气体。

(3) 废水排放。清洗厂房、工地的废水；清洗车身、发动机、机械部分产生的废液和污水；空调压缩机冷媒产生的废液；其他污水排放。

(4) 化学废物。废机油；废化学清洗剂；废发动机冷却液；废冷媒；废油漆和有机溶剂；废蓄电池；废轮胎；废机油、机油滤清器；沾有机油的机油滤清器、清洁布、沙土；含有石棉材料的刹车片。

2. 环境保护要求

(1) 维修区域环境。维修区域环境保护要求有以下几点：

1) 员工着装必须标准统一，禁止穿污染过的工作服和工作鞋。

2) 工位保持干净、整洁，工具箱工具放置整齐，工作台工件摆放有序，废气排放系统稳定可靠。

3) 工位处应摆放废油桶、废物桶以及机油滤清器专门放置架，定时回收处理。

4) 废蓄电池、废轮胎等有害物质必须集中分类存放，定期处理。

5) 维修车辆必须停放在规定的位置，维修时必须使用发动机舱盖和翼子板护垫，凡维

修和保养发动机相关部件时必须检测尾气排放值。

(2) 钣金区域环境。钣金区域环境保护要求有以下几点：

1) 工位应保持干净整洁，工具箱工具放置整齐。

2) 维修使用的氧气瓶、乙炔气瓶应保持 3～5 m 的距离，电焊机应保证安全可靠，在使用以上工具设备时应有专门防护的用品（防护镜、皮手套、皮鞋等）。

3) 工件架应整齐有序，工件应摆放在标示的位置。

4) 氧气、乙炔气气管使用后整理整齐存放。

(3) 漆工区域环境。漆工区域环境保护要求有以下几点：

1) 工位应保持干净、整洁，工具和设备应放置在规定位置。

2) 作业时应按照规定的标准流程进行，采用干打磨工艺时应有粉尘收集装置和除尘设备，员工操作时应着防护服。

3) 漆工区域应有通风设备，烤漆房的排放应符合环保要求，喷漆车间的废水排放也要有专门的处理设施。

4) 油漆、香蕉水等的存放应设置危险品库，有配套消防安全设施和措施。

(4) 其他区域环境：

1) 维修和附属设施应有明显的标识，维修车辆应有固定的停放区域。

2) 维修车辆的进出口通道应有明显的标识，并保持畅通。

二、汽车维修企业环境保护要求

国家已经制定了汽车维修经营企业准入条件，其中对汽车维修环境保护要求有了明确的条文规定。国家标准汽车维修业开业条件（GB/T 16739.1—2014、GB/T 16739.2—2014）规定，不同类别的汽车维修企业有不同的准入条件，必须分别满足有相应的机动车维修场地，有必要的设备、设施和技术人员，有健全的机动车维修管理制度和有必要的环境保护措施要求。环境保护是汽车维修企业必须重视的生产环节。

1.汽车整车维修企业准入条件

汽车整车维修企业按规模分为一类汽车整车维修企业和二类汽车整车维修企业。

(1) 场地条件。应当有相应的生产厂房和停车场。生产厂房和停车场的结构、设施必须满足汽车大修和总成修理的要求，并符合安全、环境保护、卫生和消防等有关规定，地面应坚实、平整；企业生产厂房和停车场的面积应与其生产规模和生产工艺相适应。主要总成和零部件的修理、加工、装配、调整、磨合、试验、检测应在生产厂房内进行。主要设备应设置在生产厂房内。在场地要求上，一类企业的接待室面积不小于 80 平方米，二类企业的接待室面积不小于 20 平方米。一类企业的停车场面积不小于 200 平方米，二类企业的停车场面积不小于 150 平方米，不得占用公共用地。一类企业的生产厂房面积不小于 800 平方米，二类企业的生产厂房面积不小于 200 平方米。一类企业总成维修间面积不小于 30 平方米，二类企业总成维修间面积不小于 20 平方米，并设置总成维修所需的工作台、拆装工具、计量器具等。

(2) 设备条件。应当具备清洗拆装作业设备、发动机总成修理作业设备、底盘各总成修理作业设备、电器修理作业设备、车身总成修理作业设备、通用设备、检测设备、计量器具和其他主要工具等。从事营运车辆二级维护的企业，应配置满足《汽车维护、检测、诊断技术规范》（GB/T 18344—2016）规定的所有出厂检验项目的检测设备。

（3）环境保护措施。应具有废油、废液、废气、废水（以下简称“四废”）、废蓄电池、废轮胎、含石棉废料及有害垃圾等物质集中收集、有效处理和保持环境整洁的环境保护管理制度，并有效执行。有害物质存储区域应界定清楚，必要时应有隔离、控制措施。

作业环境以及按生产工艺配置的处理“四废”及采光、通风、吸尘、净化、消声等设施，均应符合环境保护的有关规定。

涂漆车间应设有专用的废水排放及处理设施，采用干打磨工艺的，应有粉尘收集装置和除尘设备，并应设有通风设备。

调试车间或调试工位应设置汽车尾气收集净化装置。

2.汽车综合小修及汽车专项维修业户准入条件

三类汽车维修业户的准入条件最低，须具备以下条件：生产厂房和停车场的结构、设施必须满足专项修理（或维护）作业的要求，并符合安全、环境保护、卫生和消防等有关规定。生产厂房的面积、结构及设施应满足综合小修或专项维修作业设备的工位布置、生产工艺和正常作业要求。设备配置应与其生产作业规模及生产工艺相适应，其技术状况应完好，符合相应的产品技术条件等国家标准或行业标准的要求，并能满足加工、检测精度的要求和使用要求。检测设备及计量器具应按规定检定合格。

三、汽车售后服务企业环境保护工作的实施

汽车售后服务企业环境保护条件分为环境保护管理制度和环境保护措施两部分。

1.环境保护管理制度

环境保护是我国的国策，为了国家的可持续发展，社会各界对环境保护都应积极参与。废油、废液、废气、废蓄电池、废轮胎及垃圾等有害物质是维修企业产生的废弃物，会对环境造成较大的污染，企业应具有废油、废液、废气、废蓄电池、废轮胎及垃圾等有害物质集中收集、有效处理和保持环境整洁的环境保护管理制度。汽车维修企业的环境保护制度如下：

（1）认真贯彻执行“预防为主、防治结合、综合治理”的环境保护方针，遵守国家《环境保护法》《大气污染防治法》《环境噪声污染防治法》等有关环境保护的法律法规、规章及标准。

（2）积极防治废气、废水、废渣、粉尘、垃圾等有害物质和噪声对环境的污染与危害，按生产工艺安装、配置“三废”处理、通风、吸尘、净化、消声等设施。

（3）定期对员工进行环境保护教育和环保常识培训，教育员工严格执行各工种工艺流程、工艺规范和环境保护制度。

（4）严格执行汽车排放标准，全面实施在用车辆的检查/维护制度（I/M 制度），控制在用车辆的排放污染，在维修作业过程中严禁使用不合格的净化装置。

（5）严格执行车辆噪声抑制技术标准，确保修竣车辆的消声器和喇叭技术性能良好，在维修作业过程中严禁使用不合格的消声装置。

（6）车辆竣工出厂前，要严格检查车辆尾气排放和噪声指标，对尾气排放和噪声指标不

符合国家标准的，不得出厂。

2.环境保护措施

汽车售后服务企业必须有必要的环境保护措施。这里所指的环境保护措施是指可以积极防治废气、废水、废渣、粉尘、垃圾等有害物质和噪声的措施。汽车维修企业在环境保护方面，应对有害物质存储区域界定清楚，必要时应有隔离、控制措施；作业环境以及按生产工艺配置的处理“三废”、通风、吸尘、净化、消声等设施，要符合有关规定；喷涂车间应设有专用的废水排放及处理设施，采用干打磨工艺的，应有粉尘收集装置和除尘设备，并设有通风设备；调试车间或调试工位应设置汽车尾气收集净化装置。

第四节 5S管理

5S是现场管理的基础工程，它不仅是一种管理工具，更是一种管理思想、一种管理文化。现场5S管理将各个部门的工作人员凝聚在一起，循序渐进、持之以恒地共同创造一个良好的工作环境，逐步树立良好的工作作风与科学的管理意识。

一、5S管理概念

5S管理也称为“五常法则”或“五常法”。5S是指整理、整顿、清扫、清洁和素养5个项目。5S管理是指对生产各要素所处的状态不断地进行整理、整顿、清扫、清洁和提高员工素养的活动。

二、5S管理的内容

1.整理

(1) 定义：区分要与不要的物品，现场只保留必需的物品。

(2) 常见的不良现象：

1) 空间的浪费。

2) 零件或产品因过期而不能使用，造成资金浪费。

3) 场所狭窄，物品不断移动的工时浪费。

4) 管理非必需品的场地和人力浪费。

5) 库存管理及盘点时间的浪费。

(3) 作用：

1) 可以使现场无杂物，行道通畅，增大作业空间，提高工作效率。

2) 减少碰撞，保障生产安全，提高产品质量。

3) 消除混料差错。

4) 有利于减少库存，节约资金。

5) 使员工心情舒畅，工作热情高涨。

(4) 意义。首先，把需要与不需要的人、事、物分开，再将不需要的人、事、物加以处理，对生产现场的各种物品进行分类，区分什么是现场需要的，什么是现场不需要的；其次，对于车间里各个工位或设备的前后、通道左右、厂房上下、工具箱内外以及车间的各个死角，都要彻底搜寻和清理，达到现场无不用之物。

（5）推进步骤：

1）现场检查。对工作场所进行全面检查，包括看得见和看不见的地方，如文件柜顶部、桌子底下等。

2）区分必需品和非必需品。

3）清理非必需品。清理非必需品的原则是看物品现在有没有使用价值，而不是原来的购买价值。

4）每天循环整理。现场每天都在变化，昨天的必需品在今天可能是多余的，每天的要求可能有所不同，所以整理贵在天天做、时时做，偶尔突击就失去了意义。

（6）实施要点：

1）马上要用的，暂时不用的，长期不用的要区分对待。

2）即便是必需品，也要适量，将必需品的数量降到最低程度。

3）对于可有可无的物品，不管有多昂贵，也要处理掉。明确什么是必需品（所谓必需品是指经常使用的物品，如果没有它，就必须购入替代品）。非必需品则可分为两种，一种是使用周期较长的物品，如 1 个月、3 个月，甚至 1 年才使用一次的物品；另一种是对目前工作无任何用处的，需要报废的物品，如已不生产的产品的样品、图纸、零配件、设备等。一个月使用一两次的物品不能称为经常使用物品，而称其为偶尔使用物品。

4）增加场地前必须进行整理。当场地不够时，不要先考虑增加场地。

2.整顿

（1）定义：必需品依规定定位、定方法摆放整齐有序，明确标示。

（2）作用：

1）提高工作效率，如有异常情况能马上发现（丢失、损坏等）。

2）不浪费时间寻找物品，提高工作效率和产品质量，保障生产安全。

3）不同的人去做，结果是一样的（已标准化）。

4）因没有整顿而产生的浪费，包括寻找物品产生的时间的浪费、认为没有而多余购买的浪费、停止和等待的浪费、计划变更而产生的浪费、交货期延迟而产生的浪费。

（3）意义：把需要的人、事、物加以定量、定位。通过前一步整理后，对生产现场需要留下的物品进行科学、合理的布置和摆放，以便用最快的速度取得所需之物，在最有效的规章、制度和最简洁的流程下完成作业。

（4）推行步骤：

1）分析目前现状。从物品的名称、分类、放置等方面的规范化情况进行调查分析，找出问题所在，有针对性地加以解决。例如，不知道物品放在哪里，不知道要取的物品叫什么，存放的地点太远，存放地点太分散，物品太多，难以找到，不知道是否用完或别人正在使用等。

2）进行物品分类。根据物品各自的特征，把具有相同特点、特性的物品划为一个类别，并制定标准和规范，为物品正确命名，标示物品的名称。

3）决定储存方法。物品的存放采用“定置管理”。定置管理是根据物流运动的规律性，按照人的生理、心理、效率、安全的需求，科学地确定物品在工作场所的位置，实现人与物最佳结合的管理方法。

4）定置管理的两种基本形式。一是固定位置，即场所固定、物品存放位置固定、物品的标识固定（“三固定”）。此法适用于那些物流系统中周期性地回归原地，在下一生产活动中重复使用的物品，如“仪器仪表、工艺装备、搬运工具等”，这可使人的行为习惯固定，从而提高工作效率。二是自由位置，即相对固定一个存放物品的区域，非绝对的存放位置，具体存放的位置根据当时生产情况及一定规则决定，与上一种相比，物品存放有一定的自由度。此法适用于物流系统中那些不固定、不重复使用的物品，如原材料、半成品，自由位置的定置标志可采用可移动的牌架、可更换的插牌标识，对不同物品加以区分。

5）标识与定置管理：

① 引导类标识。引导信息可告诉人们物品放在哪里，便于人与物的结合，如仓库的台账，每类物品都有自己的编号。

② 确认类标识。为了避免物品混乱和放错地方所需的信息，各种区域的标志线、标志牌和色彩标志告诉人们“这是什么场所”。废品存放区与合格品存放区的不同标志可避免混淆，各种物品的卡片和悬挂卡片的框、架也是一种确认信息，在卡片上说明物品名称、规格、数量、质量等，相当于物品的核实信息。

6）良好的定置管理要求标识达到5个方面的要求，即场所标识清楚、区域定置有图、位置台账齐全、物品编号有序、全部信息规范。

7）定置管理要遵循以下基本要求：简单明了的流向，可视的搬运路线；最优的空间利用，最短的运输距离；最少的装卸次数；切实的安全防护；最大的操作便利；最少的心情不畅；最少的改进费用；最广的统一规范；最佳的灵活性，最美的协调布局。

（5）实施要点：

1）彻底地进行整理。物品摆放要有固定的地点和区域，以便于寻找，消除因混放而造成的差错；彻底进行整理，只留下必需品在工作岗位，只能摆放最低限度的必需品，正确判断是个人所需品还是小组共需品。

2）确定放置场所。物品摆放地点要科学、合理。例如，根据物品使用的频率，经常使用的东西应放得近些（如放在作业区内），偶尔使用或不常使用的东西则应放得远些（如集中放在车间某处）。进行布局研究，可制作一个1∶50的模型，便于规划。经常使用的物品放在最近处，特殊物品、危险品设置专门场所进行保管，物品放置100%定位。

3）规定摆放方法。物品摆放目视化，使定量使用的物品做到过目知数，摆放不同物品的区域采用不同的色彩和标记加以区别。产品按机能或种类分区放置，尽量立体放置，充分利用空间，便于拿取，堆放高度应有限制，一般不超过1.2米。常用工具、器具等容易损坏的物品要分隔或加防护垫保管，防止碰撞，做好防潮、防尘、防锈措施。

4）进行标示。采用不同的油漆、胶带、地板砖或栅栏划分区域。通道最低宽度：人行道为1米以上；单向车道为最窄车宽＋0.8米；双向车道为最大车宽×2＋1.0米。一般区分：绿色为通行道/良品，绿线为固定永久设置，黄线为临时、移动设置，红线为不良区、不良品，白线为作业区。在放置场所标明所摆放的物品，在摆放物品上进行标示，根据需要灵活采用各种标示方法。某些产品要注明储存、搬运注意事项和保管时间、方法；暂放产品应设置暂放牌，标明管理者、时间跨度等。

3.清扫

（1）定义。清除现场脏污、清除作业区域的物料垃圾。

（2）作用。经过整理、整顿，必需品处于立即能取出状态，但取出物品还必须完好可用，这是清扫的最大作用。

清扫不只是打扫卫生，还要对生产设备、仪器进行点检和保养、维护工作，以利于保持设备良好的状态，及时发现故障隐患，清除污物，保持现场干净、明亮。

（3）意义：将工作场所的污垢去除，使异常的发生源容易被发现，是实施自主保养的第一步，可以提高设备运行率。

（4）推进步骤：

1）准备工作。清扫的准备工作包括以下方面：

① 安全教育。对员工做好清扫的安全教育，对可能发生的割伤、触电、碰伤、坠落、砸伤、灼伤等不安全因素进行警示和预防。

② 设备基本常识教育。对员工进行设备为什么老化、为什么会出现故障、如何减少损失等方面的教育，介绍设备的基本构造，工作原理，使员工对设备有一定了解。

③ 技术准备。指导及制定相关指导书，明确清扫工具、位置、维护具体步骤等。

2）从工作岗位扫除一切垃圾灰尘。由作业人员动手清扫而非由清洁工代替，清除长期堆积的灰尘、污垢，不留死角。

3）清扫及点检机器设备。仪器、设备本是干净的，每天都要恢复到原来的状态，这一工作是从清扫开始。不仅设备本身，连带其附属辅助设备也要清扫。一边清理，一边改善设备状况，把设备的清扫与点校、维护、润滑结合起来。把污渍、灰尘清除，这样松动、变形等设备缺陷就暴露出来，可以采取相应的措施加以弥补。

4）整修清扫中发现的问题。维修凹凸不平的地板、紧固松动的螺栓；维修精度不准的仪器、仪表，更换绝缘层已老化或损坏的电线；清理堵塞的管道，更换破损的水管、气管、油管等。

5）查明污垢发生源，从根本上解决问题。查明污垢的发生源，制定详细的清单，按计划逐步改善，将污垢从根本上消除。

6）实施区域责任制。对于清扫应该进行区域划分，实行区域责任制，责任到人，不可存在卫生死角。

7）安装防护罩或其他挡网，防止碎屑飞散。

（5）实施要点：

1）领导以身作则。成功与否的关键在于领导是否能够坚持，只有领导坚持员工才会认真对待。

2）人人参与。公司所有部门、所有人员都应一起来执行这个工作。

3）一边清扫，一边改善设备状况，把设备的清扫与点检、维护结合起来。

4）明确每个人应负责清洁的区域，分配区域时须绝对清楚地划清界限，不能留下没有人负责的区域（即死角）。

5）寻找并杜绝污染源，建立相应的清扫标准，促进清扫工作的标准化。

4. 清洁

（1）定义。将整理、整顿、清扫实施的做法制度化、规范化，维持其成果。

（2）作用：

1）维持作用。认真维护并坚持整理、整顿、清扫的效果，使其保持最佳状态，成为公司的制度。

2）改善作用。对已取得的良好效果不断进行持续改善，使之达到更高境界。

（3）意义。通过对整理、整顿、清扫活动的坚持与深入，从而消除发生安全事故的根源。创造一个良好的工作环境，使员工能愉快地工作。

（4）推进步骤：

1）对推进组织进行教育。必须统一思想，才能朝着共同的目标奋斗，有必要将5S的基本思想向全体员工进行讲解和宣传。

2）整理。区分工作区的必需品和非必需品。带领员工到现场，将目前所有的物品整理一遍，并调查它们的使用周期，将这些物品记录起来，再区分必需品和非必需品。

3）向作业者确认说明。只有岗位的作业者最清楚其岗位要求，知道某些设定的不完善或不适用的地方。所以，在区分必需品与非必需品时，应向作业者询问确认清楚，并说明一些相关的事情。

4）撤走各岗位的非必需品。

5）整顿。必须根据实际条件、作业者的习惯、作业的要求，合理地规定摆放位置。

6）规定摆放方法。确认摆放高度、宽度以及数量，以便于管理，并将这些规定形成文件，便于日后改善、整体推进和总结。

7）进行标示。必须做一些标识，标示规定的位置、规定的高度、规定的宽度和数量，方便员工识别，减少员工的无效劳动。

8）将放置方法和识别方法对作业者说明。将规定的放置方法和识别方法教会作业者，将工作移交给作业者日常维护。作业者在实施过程中对认为不对的地方可提出意见，改善规定，但不能擅自取消或更改。

9）清扫并规划出区域，明确各责任区和责任人。

（5）实施要点：

1）贯彻5S意识，充分利用各种激励的办法，如5S标语、5S宣传画等，让员工每天都对正在进行的5S评价感到新鲜，不厌倦。

2）一旦开始实施就不能半途而废。

3）对长时间养成的坏习惯，要花较长时间改正。

4）深刻领会5S的含义，彻底贯彻5S标准，力图进一步提高。所谓“彻底贯彻5S”就是连续、反复不断地进行整理、整顿、清扫活动。

5. 素养

（1）定义。人人按章操作、依规行事，养成良好的习惯，使每个人都成为有职业素养的人。

（2）作用。提升“人的品质”，培养对任何工作都讲究认真的人。

（3）意义。努力提高员工的自身修养，使员工养成良好的工作、生活习惯和作风，让员工能通过实践5S获得人身境界的提升，与企业共同进步，是5S活动的核心。员工通过对5S的学习、遵守，使自己成为一个有道德修养的人，公司的环境面貌也会随之改观。

（4）实施要点：

1）持续推动整理、整顿、清扫、清洁，使人们达到工作要求的最基本修养，直至成为习惯。

2）制定相关的规章制度。规章制度是员工的行为准则，使人们达成共识，是形成企业文化的基础，制定相应的“语言礼仪”“电话礼仪”及“员工守则”等，保证员工达到修养的最低限度。

3）对员工进行教育、培训是非常必要的。培养员工责任感，激发其热情，需要改变员工消极的利己思想，培养员工对公司及同事的热情和责任感。

三、5S管理的实施

1. 5S管理实施中存在的问题

（1）各级人员对5S的理解和认识不足。5S看似简单，可是实际内容却包含了企业生产经营各个层面。大多数管理人员对5S理解仅仅局限于表面的整理、整顿与清扫上，因为缺乏实际经验，造成对5S的深入方面欠缺理解。

5S实施能给各级人员带来减少日常工作量的好处，如寻找物品的时间减少、生产速度的提高、不良品的减少等，都可以帮助企业员工减少日常不必要的工作量。但是在初期，需要做好整理、整顿、清扫等工作，增加了员工的工作量。因此需要让所有人员理解和认真执行5S相关规定，用每天有章可循的5S工作换来长期效率的提高。

（2）员工队伍变化快。由于目前企业劳动用工制度的变化，人员的流动性也在逐年增大，这些人员在入厂后就必须接受专门的5S管理培训，对新员工的5S管理培训工作就成为企业的一项长期任务，耗费时间，同时客观上也影响了5S管理的实施效果。

（3）管理成本要增加。5S管理的应用必须投入一定的人力、物力、财力、时间等，对此企业领导和部门主管必须有一定的思想准备和行动表率。

（4）需要反复推动。5S管理和开展活动有一些程式化的东西，容易引起员工的厌倦情绪，同时需要不停地反复推动，效果和作用才能保持。任何一个人，当重复工作的时候，都可能会产生一些厌倦的情绪，容易虎头蛇尾，不容易持久做好。公司应针对上述问题，进一步研究对策，努力克服困难，减少负面影响，逐步解决，以实现5S管理应用的持续推进和不断完善。

2. 5S管理实施的步骤

虽然掌握了5S管理的基础知识，但因推行步骤、方法不当导致事倍功半，甚至中途夭折的事例并不鲜见。因此，掌握正确的步骤、方法是非常重要的。

（1）成立推行组织：

1）成立推行委员会及推行办公室。

2）确定组织职责。

3）确定委员的主要工作。

4）编组及划分责任区。

建议由企业主要领导出任5S活动推行委员会主任职务，以示对此活动的支持，具体安排上可由副主任负责活动的全面推行。

（2）拟定推行方针及目标：

1）方针制定。推动5S管理时，可制定管理方针作为导入的指导原则。例如，“推行5S管理、塑××公司一流形象”“告别昨日，挑战自我，塑造××公司新形象”“于细微之处着手，塑造公司新形象”。方针的制定要结合企业具体情况，要有号召力。方针一旦制定，要广为宣传。

2）目标制定。要先行制定目标作为活动努力的方向及便于活动过程中的成果检查。例如，“第三个月服务部考核95分以上”“有来宾到厂参观，不必事先临时做准备”等。

3）目标的制定也要同企业的具体情况相结合。

（3）拟订工作计划及实施方法：

1）拟订日程计划作为推行及控制之依据，见表5—1。

表5—1　　5S活动推行计划表

序号	项目	7月	8月	9月	10月	11月	12月	1月	备注
1	5S活动推行组织成立	—							
2	5S活动前期准备	—							
3	宣传、教育展开	—	—						
4	样板区域选定期	—							
5	样板区域5S活动推行	—	—	—					
6	样板区域阶段性交流会		—	—	—				
7	标准建立及修正		—	—	—	—			
8	全体大扫除			—					
9	整理、整顿作战			—	—	—			
10	目视管理				—	—			
11	日常5S确认实施				—	—	—	—	
12	考核评分及竞赛				—	—	—	—	
13	5S活动阶段性总结					—			
14	文明礼貌月						—		
15	目视管理强化月							—	

2）收集资料及借鉴。

3）制定5S活动实施方法。

4）制定要与不要的物品区分方法。

5）制定5S活动评比方法。

6）制定 5S 活动奖惩办法。

（4）教育：

1）每个部门对全员进行教育，包括 5S 管理的内容及目的、5S 管理的实施方法、5S 管理的评比方法等。

2）新进员工的 5S 管理训练、教育是非常重要的，让员工了解 5S 管理活动能给工作及自己带来好处从而主动去做，与被别人强迫着去做其效果是完全不同的。教育形式要多样化，讲课、放录像、观摩他厂案例或样板区域、学习推行手册等方式均可视情况加以使用。

（5）活动前的宣传造势。5S 管理活动要全员重视、参与才能取得良好的效果。

1）最高主管发表宣言（晨会、内部报刊等）。

2）海报、内部报刊宣传。

3）宣传栏。

（6）实施：

1）前期作业准备，包括方法说明会、道具准备等。

2）工厂全体上下彻底大扫除。

3）建立地面划线及物品标识标准。

4）实施“三定”，即定位、定点、定人。

5）定点摄影。

6）做成“5S 管理日常确认表”及实施。

7）红牌作战。

（7）确定活动评比办法：

1）确定加权系数。主要包括困难系数、人数系数、面积系数、素养系数。

2）确定考核评分法。

（8）查核：

1）现场查核。

2）5S 管理问题点质疑、解答。

3）举办各种活动及比赛（如征文活动等）。

（9）评比及奖惩。依 5S 管理活动竞赛办法进行评比，公布成绩，实施奖惩。

（10）检讨与修正。各责任部门对缺点项目进行改善，不断提高。

（11）纳入定期管理活动中：

1）标准化、制度化的完善。

2）实施各种 5S 管理强化月活动。

需要强调的是，企业因其背景、架构、企业文化、人员素质的不同，推行时可能会出现各种不同的问题，要根据实施过程中所遇到的具体问题，采取可行的对策，才能取得满意的效果。

四、5S 现场管理的方法

1. 定点照相

定点照相就是在同一地点、面对同一方向进行持续性的照相，目的是在不同时期对现场定点拍摄进行对比，并且进行连续性改善的一种手法，如图 5—3 所示。

a)　　b)

图 5—3　定点照相对比

a）改善前　b）改善后

2. 红单作战

贴红单的对象包括库存、机器、设备及空间，使各级主管都能一眼看出什么东西是必需的，什么东西是多余的。

3. 目视管理

目视管理是利用形象、色彩等各种视觉感知信息来组织现场生产活动，达到提高劳动生产率的一种管理方式。颜色管理和看板管理是目视管理的主要方法。颜色管理是运用工作者对色彩的分辨能力和特有的联想力，将复杂的管理问题简化成不同色彩，区分不同的程度，用直觉与目视的方法呈现问题的本质和问题改善的情况，使每个人对问题有相同的认识和了解。看板管理使现场工作人员能一眼就看出何处有什么东西、有多少。同时也可将整体管理的内容、流程以及订货、交货日程与工作日程制作成看板，使工作人员易于了解，以进行必要的作业。

目视管理有三个要点：无论是谁都能判断；能迅速判断，精度高；判断结果不会因人而异。

目视管理的作用有以下三个方面：

（1）目视管理形象直观，能提高员工的生产效率。

（2）目视管理能使员工产生良好的心理效应。

（3）目视管理透明度高，能起到激励员工的作用。

4. 点检表

点检表起初主要用于设备管理，后被应用于企业经营管理的各个方面，其主要项目有点检项目、方法、周期、记录、异常情况记录及处理情况等，见表 5—2。

点检表的作用有以下方面：

（1）使设备隐患和异常及时被发现并得到解决。

（2）保证检查和维护的质量，降低突发性事故发生的可能性，有利于增加产量和降低维修费用。

（3）有利于推行各种经济责任制，提高工作效率。

（4）有利于建立完整的设备技术资料档案。

表5—2　　某4S店售后5S点检表

评价人：　　　　检核时间：

区域	序号	项目及评价标准	是否合格	整改时间	项目整改负责人
外部接待区域	1	标记、标识等符合要求，始终保持整洁、完整			
	2	各停车区域有醒目标的提示牌，停车位方便进出			
	3	车辆按区域划分停放，客户停车区不得停放非客户车辆			
内部接待区域	1	各类标识整洁、完整、无破损			
	2	服务顾问着装统一、干净、整洁，佩戴标识牌，礼仪规范			
	3	备件及精品展示架干净、明亮，展示备件充足			
	4	照明设施及空调齐全、完好			
客户休息室	1	配备吧台			
	2	照明设施完好			
	3	悬挂客户信息并及时更新			
	4	悬挂免费服务项目看板并进行展示			
	5	配备三种以上免费饮料并随时供应			
维修作业区域	1	技师制服统一、干净、整洁			
	2	有限速警示和车辆行驶导向路标			
	3	工具车、作业台、废料桶等定位放置保持完整			
	4	工具设备划线定位，标示清楚，按时保养			
	5	车间照明良好，光线充足			
……	…	……			

5.作业标准化

对工作方法进行分析总结，将最正确、最经济、最有效的工作方法制定成规范文件，并教育员工在作业中遵照执行。

作业标准化的作用如下：

（1）将作业标准维持在最佳状态，避免工作中出现偏差。

（2）减少因员工流失给企业带来的技术损失。

（3）为教育、训练员工提供良好的教材。

复习思考题

一、判断题

1. 对于机器设备及工作区域做适当的安排，以最短搬运距离为原则。（　　）

2. 企业应定期开展安全教育和整顿。（　　）

3. 一类企业的生产厂房面积不小于 1 000 平方米，二类企业的生产厂房面积不小于 500 平方米。（　　）

4. 整顿主要是区分要与不要的物品，现场只保留必需的物品。（　　）

5. 5S 管理主要围绕着整理、整顿展开。（　　）

二、思考题

1. 5S 管理包括哪些内容？

2. 为什么 5S 管理中要加入素养的内容？

第六章　汽车维修设备管理

学习目标

1. 了解汽车维修设备的分类。
2. 理解汽车维修设备管理水平的各项考核指标。
3. 掌握设备维修制度以及设备更新与报废的全过程管理。
4. 掌握汽车维修设备磨损、故障规律及延长维修设备使用寿命的途径。

第一节　汽车维修生产设备

随着全球汽车保有量的进一步提升、汽车技术的发展，尤其是新能源汽车的发展、IT和计算机技术的发展，汽车维修设备行业也将产生巨大的变化。汽车维修设备将变得更加专业化、智能化、网络化。在专业汽车维修设备的带动下，汽车维修技术也得到快速发展和提升。

一、汽车维修设备管理的概念

汽车维修设备是指在汽车维修生产过程中所需要的机械及器具等，这些机械及器具供长期使用，基本保持原有的实物形态，是汽车维修生产过程中不可缺少的。

汽车维修设备管理是一项系统工程，以汽车维修企业生产经营目标为依据，通过一系列的技术、经济和组织措施，对设备的采购、安装、使用、维护、修理、改造、更新直至报废的全过程进行管理。汽车维修设备管理包含以下三个方面的内容：

（1）汽车维修设备管理是对设备从选型采购开始，直至设备报废为止的全过程管理，涉及选型、采购、安装、使用等，应为全员参与。

（2）汽车维修设备管理应从技术、经济、组织三方面进行综合管理，对设备采购安装直至更新报废的全过程进行管理，对设备的采购费用、维修费用、折旧更新改造费用进行管理。汽车维修企业应建立设备管理机构，健全设备管理体系，推行责任目标管理，落实到部门和人员。

(3) 汽车维修设备全过程管理的保障工作。设备制造商要设计、制造最经济、可靠、使用寿命长的设备，要提供必要的技术文件和维修备件、配件，为客户提供技术培训。汽车维修企业的保障工作包括保存设备的技术资料、设备的备件和配件以及对设备使用人员的培训等。

二、汽车维修设备的分类

依据设备的结构、性能和工艺特征，汽车维修设备分为维修通用设备和维修专用设备两类。

(1) 汽车维修通用设备。汽车维修通用设备是指性能基本相同、汽车维修行业通用的设备，主要有适用的钻床、焊条电弧焊及气体保护焊设备、气焊设备和空气压缩机等。

按照国家标准《汽车维修业开业条件》的要求，一类、二类汽车维修企业应配备的通用设备有钻床、空气压缩机（见图 6—1)、电气焊设备、普通车床、砂轮机等。

图 6—1　空气压缩机

(2) 汽车维修专用设备。汽车维修专用设备是指针对各类车型维修生产的需要设计的非标准设备，按照设备的功能和作业部位的不同分为汽车清洗设备、汽车补给设备、汽车拆装整形设备、汽车维修专用加工设备、汽车举升运移设备和汽车检测设备 6 类。

1) 汽车清洗设备。汽车清洗设备主要用于汽车车身、底盘外部和汽车零部件的清洗，按照用途可分为汽车外部清洗设备和汽车配件清洗设备。

① 汽车外部清洗设备。主要用于汽车日常维护和维修前的清洗，完成汽车车头、车身和底盘的清洗工作。按清洗方式不同，又分为喷射冲洗式和滚刷刷洗式。

② 汽车配件清洗设备。利用清洗剂对配件表面进行喷洗，达到清除油污的目的。目前，汽车零件清洗已实现机械化和自动化。

2) 汽车补给设备。在汽车维修作业中，需要对车辆润滑部位加油、蓄电池补充电力、汽车轮胎补充气体。为改善维修工人的劳动条件，提高添加剂量的准确性，减少浪费，需要用补给设备完成此项工作。

汽车补给设备按照用途可分为加油设备、充电设备和充气设备 3 类。

3) 汽车拆装整形设备。汽车拆装整形设备主要用于汽车总成和零部件的拆装及车身(架) 变形后的恢复，可以减轻维修人员劳动强度，保证维修质量，提高劳动生产率。汽车拆装整形设备主要包括电动扳手、气动扳手、轮胎螺母拆装机、U 形螺栓螺母拆装机、液压机、半轴套管拉压器、车身校正器、齿轮轴承拉拔器和专用配件拆装工具等。

4) 汽车维修专用加工设备。对配件进行加工是汽车维修过程中恢复零部件技术状况的一种方法。配件的加工设备种类很多，通用加工设备已成为国家的定型产品，如车床、刨床和磨床等。专用加工设备中，少部分是国家定型产品，大部分是非标准产品，根据对零件加工部位的不同又可分为缸体加工设备，曲轴、连杆及轴承加工设备，配气机构加工设备，制动系统加工设备等。

5）汽车举升运移设备。汽车举升运移设备主要用于汽车维修生产中整车或配件的垂直、水平位移，以便于进行拆装、修理和存放。其主要设备有龙门吊、单臂液压吊、二柱举升器（见图 6—2）、四柱举升器、埋入式液压举升机、液压千斤顶、前桥作业小车、后桥作业小车、变速器拆装小车和发动机翻转架等。

图 6—2　二柱举升器

6）汽车检测设备。汽车检测设备的作用主要有汽车维修前的故障诊断、维修检测设备过程中零部件的检验、修竣后的性能检测和汽车使用中的定期技术状况检测。汽车检测设备种类有很多，一般分为发动机检测设备、底盘检测设备和零部件检测设备。

第二节　维修设备的管理

一、汽车维修设备管理内容

汽车维修设备管理对保证汽车维修企业生产的正常进行，促进维修技术进步，提高经济效益具有重要意义。汽车维修设备管理工作主要内容如下：

（1）准备汽车维修资料。为使维修技师能够掌握最新技术信息及依照标准的步骤来使用正确的工具进行维修，汽车售后服务企业必须配备所有维修车型的修理手册、电气线路图、新车特征说明书等资料。

（2）建立汽车维修设备管理机构，配备专职或兼职设备管理人员。对操作人员进行技术培训，提高操作人员技术水平，保证合理使用设备，精心维护、维修设备，发挥设备应有的作用。

（3）根据汽车维修设备的性能及维修工艺要求，正确合理地使用设备，保持设备的良好技术状况和应有的精度，防止违章操作和超负荷使用，减少磨损，杜绝设备事故发生。

（4）认真贯彻执行汽车维修设备维修制度，制订和组织实施设备维修计划，减少维修停机时间，发挥其效能。

（5）做好汽车维修设备的日常维护工作，使设备处于良好的润滑状态，减少磨损，延长使用寿命。

（6）做好汽车维修设备的日常管理工作，包括设备的调入和调出、建立档案和台账、维修保管、报废及事故处理。

(7) 从设备技术的先进性与经济的合理性全面考虑，组织汽车维修设备的改造更新，以适应新型车辆的维修工作。

(8) 进行调查与分析研究，有选择性地引进国外先进设备，满足汽车维修设备、检测设备的需要，促进技术进步。

二、汽车维修设备使用要求

汽车维修设备的合理使用是保持设备处于正常运行状态、保证汽车维修质量、降低汽车维修成本的重要环节，是汽车维修设备管理的基础。汽车维修设备的使用要求如下：

1. 合理配备维修设备

汽车维修企业应根据生产规模、工艺流程和作业方法，配备专用和通用维修设备，以适应汽车维修生产的需要。

2. 合理配备操作人员

汽车技术日新月异，汽车维修设备朝着精密化、自动化、电子化方向发展，对操作者的要求越来越高，因此，必须配备与设备相适应的操作人员，才能充分发挥设备的性能，使设备经常处于最佳的工作状态。对于引进的设备，特别是成套检测设备，应配备具有专业知识与技能的高级技工和专业技术人员，避免因设备的操作不当造成不应有的损失。

3. 培训操作人员

设备操作人员在使用汽车维修设备前应接受培训，掌握设备的构造和操作要领，具备“三好”（管好、用好、维护好）“四会”（会使用、会维护、会检查、会排除故障）的基本功。

4. 创造良好的工作环境

工作环境直接影响汽车维修设备的正常运行、使用寿命和安全生产。为此，应根据汽车维修设备的不同要求，将汽车维修设备安装在适宜的工作环境中。一般来说，安装汽车维修设备的厂房应清洁、宽敞、明亮。根据设备的具体要求，必须配备必要的防尘、防振、防潮、防腐、保温、通风等装置。维修检测设备、仪器应设立单独的工作室，其室内的温度、湿度、防尘、防振等工作条件应符合设备使用说明书的要求。

5. 对员工进行正确使用和爱护汽车维修设备的宣传教育

汽车维修企业的领导和设备管理部门应积极组织员工开展正确使用和爱护汽车维修设备的教育，使设备操作人员养成维护设备的良好习惯。

6. 建立汽车维修设备规章制度

汽车维修企业必须根据汽车维修的特点建立一套科学的管理制度，保证汽车维修设备的合理使用。汽车维修设备管理的岗位责任制是本着设备谁使用、谁管理、谁负责的原则，明确规定职责。岗位责任制一般采用定人定机管理，把设备的使用、维护和保管的各项规定落实到人，要求每台汽车维修设备有人管理。根据具体情况制定相应的定机保管办法，公用设备应指定专人负责保管。

三、设备使用技术经济分析

1. 考核指标

在设备使用管理中，反映设备的利用程度主要有以下指标：

$$设备台数利用率=\frac{设备使用台数}{设备在册台数}\times 100\%$$

$$设备工时利用率=\frac{设备实际工作台时数}{日历台时数}\times 100\%$$

$$生产能力利用率=\frac{单位台时的时间产量}{单位台时的额定产量}\times 100\%$$

其中，设备使用台数包括运行的、备用的、维修的设备台数；设备在册台数为使用台数加上已列入固定资产账目台数，但不包括尚未安装的设备及闲置的、待报废的设备。

2.经济评价

（1）投资回收期比较法。一般在其他条件相同的情况下，投资回收期最短的设备方案就是经济上最优的方案。

$$设备投资回收期（年）=\frac{设备投资费用总额}{采用该设备方案后年使用费用总额}$$

其中，设备投资费用总额由设备原始费用和使用费用组成。原始费用包括外购设备原价、设备及材料运杂费、成套设备业务费、备品备件购置费、安装调试费等；对于自制设备，包括研究、设计、制造、安装调试费等。使用费用是指设备在整个寿命周期内所支付的能源消耗费、维修费、操作工人工资及固定资产占用费、保险费等。

（2）年费用比较法。年费用比较法是从设备的寿命周期角度来评价和选择设备。采用这种方法是把不同方案的设备购置费用，根据设备的寿命周期，按一定的利率换算成相当于每年的平均费用支出，然后再加上每年的平均使用费而得出各方案设备寿命周期内平均每年支出的总费用，年平均总费用最低的方案为最优投资方案。计算公式如下：

设备的年度总费用＝最初投资费×资金还原系数（FpR）＋年维持费－设备残值×资金存储系数（FpW）

其中，若已知利率、计息周期、系数种类，便可直接从复利系数表上查得需要的系数值。

例题：某企业要购买1台设备，现有两种同类的设备可供选择。设备A购价为50 000元，经济寿命为10年，投产后年维持费为9 000元，设备残值为10 000元；设备B购价为120 000元，经济寿命为20年，投产后年维持费为6 000元，设备残值为20 000元。根据以上资料对两种型号的设备作出经济评价。

解：设备A的年度总费用＝50 000×FpR（$n=10$，$R=8\%$）＋9 000－10 000×FpW（$n=10$，$R=8\%$）＝50 000×0.149 03＋9 000－10 000×0.069 03＝15 761.2（元）

设备B的年度总费用＝120 000×FpR（$n=20$，$R=8\%$）＋6 000－20 000×FpW（$n=20$，$R=8\%$）＝120 000×0.101 85＋6 000－20 000×0.021 85＝17 785（元）

答：应选择设备A，因为设备A的年度总费用较低。

（3）现值比较法。现值比较法是把设备寿命周期平均每年支付的维持费，按现值系数换算成相当于设备初期费用，再与设备初期购置费相加，进行总现值比较。计算公式如下：

设备的总现值＝最初投资费＋年维持费×定额序列现值系数（FsR）－
设备残值×一次偿付现值系数（FsW）

其中，若已知利率、计息周期、系数种类，便可直接从复利系数表上查得需要的系数值。

现值比较法与年费用比较法相反，后者是把投资成本化为年值后与每年维持费相加组成设备的年度总费用，再进行比较；而前者则是在每年的维持费转化后与当初的投资费相加，组成总现值，再进行比较。现值比较法与年度比较法可以互相验证。

用现值比较法对以上例题进行设备选型。

解：设备A寿命周期总费用（现值）＝50 000＋9 000×FsR（n＝10，R＝8%）－10 000×FsW（n ＝10，R＝8%）＝50 000＋9 000×6.710 1－10 000×0.463 2＝105 758.9（元）

设备B寿命周期总费用（现值）＝120 000＋6 000×FsR（n＝20，R＝8%）－20 000×FsW（n＝20，R＝8%）＝120 000＋6 000×9.818 1－20 000×0.2145＝174 618.6（元）

答：设备A的费用总现值较低，故应选设备A。

四、设备维修

设备维修是为了保持或恢复设备完成规定功能而采取的技术和管理措施，措施包括检查、维护与修理。维修的目的是以最经济合理的费用（包括修理费、运行费和停产损失费等）使设备处于良好的技术状态，保证生产上有效地使用设备，提高设备的利用率。

1.设备维修制度

设备维修制度是在设备的维护、检查、修理中，为贯彻预防为主的方针而采取的一系列技术组织措施的总称。因习惯和国情不同，世界各国甚至各企业的设备维修制度也各不相同。我国目前实行的设备维修制度主要是计划预修制和计划保修制两种。此外，起源于美国的预防维修制也得到我国不少企业的重视与应用。

（1）计划预修制。计划预修制是根据设备的一般磨损规律和技术状态，按预定修理周期及其结构，对设备进行维护、检查和修理，以保证设备经常处于良好技术状态的设备维修制度。

计划预修制的主要内容有以下3个方面：

1）日常维护，也称日常保养。

2）定期检查，通过定期外部观察、试运转或拆卸部分部件来确定设备精度、零部件磨损情况，并进行设备调整和消除小的缺陷。

3）计划修理，按修理后设备性能的恢复程度可分为小修、中修和大修三种。

（2）计划保修制。计划保修制就是有计划地进行设备三级维护和大修的体制与方法，即在搞好三级维护的同时有计划地进行大修。大修时，拆卸全部设备，修理基准零件，更换与修复磨损的零件及部件，恢复机器设备应有的精度、性能和生产效率，同时，设备的大修还应与革新改造尽可能结合起来。大修后，由设备部门、设备所在车间的设备员、机修车间设备检查员按国家规定的质量标准逐项进行验收。

实行计划保修制，对计划预修制中的修理周期结构，包括大修、中修、小修的界限和规定进行了重大的突破，使小修的全部内容和中修的部分内容在三级维护中得到解决，把一部分中修内容并入大修；同时又突破了大修和革新改造的界限，强调“修中有改”和“修中有创”。特别是对老设备，要把大修的重点转移到改造上来，这是适合我国具体情况的重要经验。计划保修制是比较适合我国国情的一种新创立的设备维修制度，但还需要进一步做好以下工作，以求更加完善。

1）要根据各类设备的磨损规律、工作条件和技术状态，分别制定不同的维护间隔（重点设备还可以按部件制定），严格按规定的维护间隔进行计划维护。如果所有设备都按规定的时间间隔进行一级或二级维护，势必造成部分设备过度维护，而另一部分设备又维护不足。

2）应根据设备特点、操作工人的技术水平和生产情况，为每台设备划分操作工人负责检查、维护的内容和维修工人负责检查、维护的内容。

3）积极组织和开展群众性维修活动，发动全体人员开展设备维修课题研究活动。

4）建立设备维护记录和故障分析报告制度，防止故障再次发生。

（3）预防维修制。预防维修制是以设备故障理论和规律为基础，将预防维修和生产维修相结合的综合维修制度。预防维修是从预防医学的观点出发，对设备的异常进行早期发现和早期诊断。预防维修制是提高设备生产效能最经济的维修方法，可减少故障次数，缩短修理时间。预防维修制主要有以下 7 种设备维修方式：

1）日常维修。即设备的检查、清扫、调整、润滑、更换、整理等活动。

2）事后维修。它包含两方面内容，一是非重点设备实行故障发生后的维修；二是对事先无法预测的突发故障的维修。事后维修属于非计划维修。

3）预防维修。一般是指对重点设备及一般设备中的重点部位进行的预防性维修活动。

4）生产维修。是指事后维修与预防维修相结合的维修方式，即对重点设备进行预防维修与对一般设备实行事后维修。目的是在节约维修费用的前提下保证生产需要。

5）改善维修。在设备维修时，同时进行设备的改装、改造，目的是提高设备的性能、效率、精度及节能等。

6）维修预防。在进行新设备设计和制造时，就考虑到提高设备的可靠性、维修性和经济性。

7）预知维修。这是在设备监测技术基础上产生的一种新的设备维修方式。

2. 设备维护

汽车维修设备在使用过程中，随着作业时间的延长，零部件在运转过程中将发生磨损。正常的配合间隙、良好的润滑条件可降低零部件的磨损。设备的维护可使设备经常保持在正常状态下运转，可减少设备的磨损，延长设备的使用寿命。对设备进行清扫、检查、清洗、紧固、调整和防腐等一系列工作总称为设备维护或设备保养，目的是减缓设备的磨损，及时发现和处理设备运行中出现的异常现象。按维护工作的深度和广度，通常把设备维护分成不同的等级，我国目前多数企业采用的是三级维护制，即日常维护、一级维护和二级维护。

维护周期一般根据设备分类和设备利用率而确定。一级维护一般 3 个月进行一次；二级维护 12 个月进行一次。实践证明，凡严格执行三级维护制的单位，其汽车维修设备完好率都比较高。

汽车维修设备维护作业内容如下：

（1）日常维护。日常维护包括每班维护和周末维护两种。日常维护的项目较少，大多涉及设备外部，操作工人在交接班时将其作为交接的内容，它是设备维护的基础，是操作工人每天必须进行的例行维护，其内容概括如下：

1）润滑。按润滑图表加油，并检查油标油位。

2）清洁。擦拭设备的外表面与滑动位。

3）紧固。拧紧松动的螺钉。

4）调整。如手把的调整、活动部位的调整、保险装置的调整、传动带松紧的调整等。

5）检查。如检查操作手柄、电气开关手柄、安全装置、搭铁线和紧固线的位置；检查操作是否灵活、低速空转声音是否正常、显示器是否灵敏等。

日常维护是维护作业的基础，要求做到经常化、制度化。

（2）一级维护。以设备操作人员为主，由设备维修工辅助，按维修计划对汽车维修设备进行局部或重要部位拆卸和检查，彻底清洗设备外表面和设备内部，疏通油路。清洗或更换滤清器，调整各部位间隙，紧固各部位，并做好维护记录。

（3）二级维护。以设备维修工为主，设备操作工参加作业。二级维护对汽车维修设备进行检查和修理，更换或恢复磨损件，清洗、换油，检查及修理电气部分，使设备局部恢复精度，满足汽车维修工艺要求。二级维护后要做好维护记录。

五、汽车维修设备更新与报废管理

设备更新是指用技术先进或性能优良的新设备代替原有设备。汽车维修设备在使用中损耗，随时间延长性能下降，虽经修理但仍满足不了工艺要求；随着汽车工业的发展以及“四新技术”的应用，陈旧落后的汽车维修设备已不适应现实生产的需要，必须对汽车维修设备进行更新。

1. 汽车维修设备更新的原则

下列汽车维修设备应进行更新：

（1）经过大修已不能达到维修生产工艺要求的汽车维修设备。

（2）技术性能落后，经济效益很差的汽车维修设备。

（3）耗能大或严重污染环境，危害人身安全与健康，进行技术改造又不经济的汽车维修设备。

设备更新应选择最佳时期进行，即确定设备最佳更新期。设备的最佳更新期主要依据设备的经济寿命确定。

2. 设备报废

汽车维修设备的报废有两种情况：一是在正常使用中受到磨损，年久而丧失使用价值；二是自然和意外事故造成无法修复的毁损。维修企业对汽车维修设备的报废要严格掌握，谨慎处理。

汽车维修设备有下列情况之一的应予以报废：

（1）已超过使用年限，其主要结构和主要部件磨损，已无法修复的老旧汽车维修设备。

（2）因灾害和意外事故，设备受到严重损坏，已无法使用、修复和改造的汽车维修设备。

（3）自制非标准的汽车维修设备，经维修生产验证和技术鉴定，确认已不能使用，也无法修复、改造和调出的汽车维修设备。

(4) 严重污染环境，已超过法定标准而又无法改造的汽车维修设备。

(5) 型号过于老旧，性能达不到最低使用要求，又失去修理与改造价值的汽车维修设备。

3.设备更新、改造制度

为保证设备的技术性能符合生产要求，须制定设备更新、改造制度。

(1) 技术部决定设备的选型、改造处理，在做出决定前应听取生产部、质保部及财务部的意见。

(2) 设备的更新、改造需征得生产部同意，能满足生产需要。

(3) 选择设备供应商，主要条件是技术和经济两项指标。

(4) 购置设备。根据生产需要采购具备某种功能、达到某种效率的设备。

4.设备报废制度

(1) 年久陈旧、不适应工作需要或再无使用价值的设备，使用部门申请报损、报废之前，由技术部进行技术鉴定与咨询。

(2) 技术部指派专人对设备使用年限、损坏情况、影响工作情况、残值情况、更换新设备的价值及货源情况等进行鉴定与评估，填写意见书交使用部门。

(3) 使用部门将“报废、报损申请单”附意见书一并上报，按程序审批。

(4) 申请批准后，交付采购部办理，新设备到位后，旧设备报损、报废。

(5) 报废的设备不得摆放在生产区内，应征求分管经理意见另行处理。

(6) 报废、报损的旧设备由技术部负责按有关规定处置。

六、汽车维修设备管理要点

所有的汽车售后服务企业都应有一份设备、工具和维修资料的台账，台账是企业用以记录设备资产，反映这些资产增减情况的账目，一般按类别逐一登记，或是按车间或班组逐台登记。此外，还应建立技术档案或卡片，包括名称、规格、型号、厂牌、编号、维护情况、设备的主要技术参数和性能。所有资料都应及时更新，由服务部保管，定期检查台账内容并确保企业备有必备的工具库存，实施定期维护并如实记录。

汽车售后服务企业的汽车维修设备管理主要有以下 3 个要点：

1.建立设备管理台账

设备台账是掌握企业设备资产状况，反映企业各种类型设备的拥有量、设备分布及其变动情况的主要依据。设备台账一般有两种编排形式：一种是设备分类编号台账，它以“设备统一分类及编号目录”为依据，按类组代号分页，按资产编号顺序排列，便于新增设备的资产编号和分类分型号统计；另一种是按照车间、班组顺序的设备台账，这种形式便于生产维修计划管理及年终设备资产清点。以上两种设备台账汇总，构成企业设备总台账。

汽车售后服务企业的设备种类较多，设备的价值各不相同，对于常用的、价值不太高的设备一般都划归不同的车间、班组甚至不同的责任人管理。对于价值较高的设备一般都由设备管理专员专门管理。建立适应汽车售后服务企业的设备台账对于企业的资产管理具有十分重要的意义，同时也有利于设备的正常使用和维护。

2. 工具合理存放

（1）状态良好。

（2）不容易丢失或误用（有人看管或监督）。

（3）放置在维修技师方便取放的地方。

（4）工具应当存放在工具箱中或悬挂在钉板上。无法悬挂的特殊测试工具可放置在工具架上。将小型精致的工具放置在保存容器中。

（5）可以在某些工具上刻字来辨别所属的经销店或班组。

3. 登记领用

必须进行设备、工具的借还登记制度，有维修技师在取用和归还时要填写“取用表”。也可采用铭牌制度，维修技师每人有一个金属铭牌，取用设备工具时，将铭牌挂在相应的设备工具存放位置上，归还时将铭牌取下。

第三节 维修设备寿命

一、设备的寿命

设备的寿命按其性质可分为物质寿命、经济寿命和技术寿命三种。

1. 物质寿命

设备的物质寿命是根据设备的物质损耗确定的使用寿命，指从设备投入使用到因损耗、老化而改造、更新直到报废为止的时间，物质寿命也称为自然寿命。

2. 经济寿命

根据设备的使用费（包括维持费和折旧费）来确定的设备使用寿命，通常取设备总成本的平均值最低的使用年份确定经济寿命。经济寿命用于确定设备的最佳折旧年限和最佳更新时机。在设备物质寿命的后期，因设备故障频繁导致损耗急剧增加。设备的使用年数越多，每年分摊的投资越少，但是设备的维护和使用费用越多。因此，经济寿命也称为费用寿命。

确定设备经济寿命一般采用低劣化数值法。随着设备使用年数增加，平均设备费用不断减少。设备使用时间越长，它的有形磨损和无形磨损加剧，则每年的维修费、燃料动力费越高，称为设备的低劣化增长，用λ表示。假定汽车维修设备经过使用后残值为P，K_0为设备的原始值，T'为设备最优使用期限，设备经济寿命计算公式如下：

$$T'=\sqrt{\frac{2(K_0-P)}{\lambda}}$$

式中 K_0——汽车维修设备的原值，元；

P——汽车维修设备的净值，元；

λ——年低劣化增长值，元/年。

3. 技术寿命

由于科学技术的发展，不断出现技术上更先进、经济上更合理的替代设备，使现有设备在物质寿命或经济寿命尚未结束之前就已达到报废条件。这种从设备投入使用到因技术进步而使其丧失使用价值所经历的时间称为设备的技术寿命。

二、设备的磨损

设备在使用或闲置的过程中都会发生磨损，必须研究机器设备的磨损规律，然后根据规律合理地设计、购买、维护和淘汰设备。设备的磨损分为有形磨损与无形磨损两种形式。

1.有形磨损

有形磨损又称物质磨损。有形磨损有两种形式：一种是机器设备在使用过程中，在外力的作用下零部件会发生摩擦、振动和疲劳，使机器设备的实体发生磨损；另一种是机器设备在闲置或封存中，由于自然力的作用而发生如金属件生锈、腐蚀，橡胶件和塑料件老化等，使机器设备发生实体磨损。不论哪一种有形磨损，都会造成机器设备物质技术状态的劣化。

从磨损的补偿角度看，设备的有形磨损可分为消除性的有形磨损与不可消除性的有形磨损两种。

2.无形磨损

无形磨损是指由于出现性能更加完善、生产效率更高的设备，而使原有设备贬值的现象。设备的无形磨损分为两种形式：第一种是由于设备生产厂劳动生产效率大幅度提高，原材料、动力消耗减少，生产相同结构设备的再生产价值降低，因而使原有设备价格低，这种形式的磨损对于设备生产厂更为突出；第二种形式是由于不断出现性能更加完善、生产效率更高的设备，而使原有设备无形中变得陈旧、落后，要提前报废。一般来说，技术进步越快，无形磨损也就越快。

3.磨损的规律

机器设备在使用过程中，由于摩擦、应力和化学反应的作用，各相对运动零件总会逐渐磨损。机器零件磨损过程大致分为以下三个阶段，其磨损曲线如图 6—3 所示。

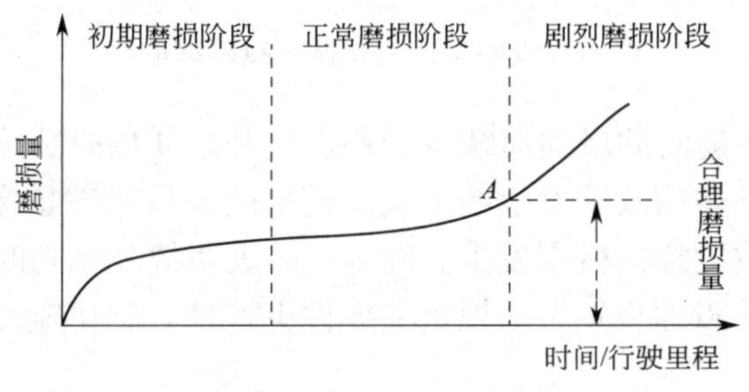

图 6—3　零件磨损曲线

在初期磨损阶段，磨损速度虽快，但时间较短，故又称跑合阶段。在正常磨损阶段，如果零件的工作条件不变或变化很小，零件的磨损速度稳定，零件磨损非常缓慢，这一阶段的时间就是机械零件的使用寿命。在剧烈磨损阶段，正常磨损关系就遭到了破坏，磨损急剧增加，从而使设备的精度、性能和生产效率明显降低。一般采用正常磨损阶段的终点 A 作为合理磨损极限，这时要求停止使用，及时进行修理；否则，会造成生产事故和设备事故。因此，需要掌握好时机，在设备进入急剧磨损阶段以前就进行修理。

由零件的三个磨损阶段及磨损曲线得出以下结论：

（1）在设备使用过程中零件总是有磨损的，磨损达到一定程度，就会降低生产效率和产品质量。例如，机床的某些零件磨损后，不能采用较高的切削用量工作，否则产品质量就不能得到保证；基础零件磨损后，会使工件几何形状改变，尺寸误差增大。要使设备经常处于良好状态，必须做好维护和修理工作。

（2）如果设备管理得好，合理使用，经常维护，就会延长零件的正常磨损阶段，减少故障，提高生产效率，延长设备的使用寿命。

（3）机器零件在正常磨损阶段的磨损是与时间成正比的。因此，在正常生产情况下，可通过试验和统计分析等办法，计算出机器的易损件在正常条件下的磨损率和期限，以便有效地组织技术措施，保证设备处于良好的技术状态，从而达到提高企业经济效益的目的。

三、如何延长设备寿命

1. 设备故障规律

所谓设备故障规律，是指设备从投入使用直到报废为止的设备寿命周期内故障的发生、发展变化规律。设备是由许多零件构成的，要掌握机器设备的故障规律，应首先研究零件的故障率与时间的关系。设备零件（元件）的故障发生形式比较简单，其故障率的类型一般属于图 6—4 所示的一种。

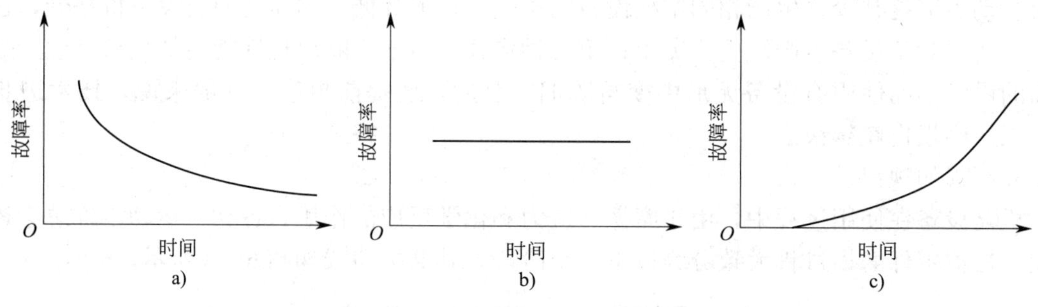

图 6—4　设备零件（元件）故障率的类型

图 6—4a 表明故障率随时间增加而减少，特点是开始使用时故障容易发生，越到后来故障越不易发生。图 6—4b 表明故障发生的形式是随机的，故障率是常数，故障不能预测，即便更换零件，故障仍是按同样的概率发生。图 6—4c 表明故障率随时间增加而增加，对于这一类型故障的零件，在故障即将发生前把这些零件更换掉，就可避免故障的发生。

2. 设备磨损补偿

设备磨损形式不同，所采取补偿的方式也不同，一般补偿可分为局部补偿和完全补偿。设备有形磨损的局部补偿是修理，设备无形磨损的局部补偿是现代技术改造，有形磨损和无形磨损的完全补偿则是更新。设备的磨损经过补偿，才能保持良好的技术状态。

根据以上理论，设备设计与使用的最佳方案应该是使设备的有形磨损期与无形磨损期相互接近，最好是相等，这样当设备到大修期时恰好是设备要更换的时刻。这是一种“无维修设计”，显然具有重要的意义。

通过分析掌握设备故障的变化规律，及时采取有效补偿措施，是延长设备使用寿命的有效途径之一，已有不少成功的经验。例如：

（1）操作工人自觉配合，认真记录设备故障现象，分析设备故障频率、平均故障间隔期、单台设备动态以及重复故障发生的原因，找出故障发生的规律，以便采取相应的对策。

（2）结合本厂生产实际和设备状况特点，确定故障管理的重点设备，采取改善维修的对策，以减少故障的发生。

（3）采用监测仪器和诊断技术，对重点设备进行有计划的监测活动，以发现故障征兆和劣化的信息。

（4）建立故障管理系统，确定故障管理的合理程序。

复习思考题

一、判断题

1. 汽车维修通用设备是指性能基本相同、汽车维修行业通用的设备。（　）

2. 设备的寿命按其性质可分为物质寿命、经济寿命和技术寿命三种。（　）

3. 已超过使用年限，其主要结构和主要部件磨损，无法修复的老旧汽车维修设备可以进行报废。（　）

4. 有形磨损是指由于出现性能更加完善、生产效率更高的设备，而使原有设备贬值的现象。（　）

5. 初期磨损阶段磨损速度较慢，时间较短，故又称跑合阶段。（　）

二、思考题

1. 设备更新与报废的条件有哪些？

2. 为什么设备寿命能够延长？

第七章　汽车售后服务目标管理

学习目标

1. 掌握汽车售后服务企业客户维系的考核指标，能够判断客户的满意情况。
2. 掌握汽车售后服务企业的业务指标，能够分析企业生产经营状况。

目标管理是一种程序或过程，它使组织中的上级和下级一起协商，根据组织的使命确定一定时期内组织的总目标，由此决定上、下级的责任和分目标，并把这些目标作为组织经营、评估和奖励每个单位和个人贡献的标准。售后服务目标管理主要围绕客户维系指标管理和业务指标管理展开。

第一节　客户维系指标管理

售后服务对汽车的价位没有直接影响，却延伸了汽车的价值。不同程度的服务会使汽车的价值含量有所不同。而汽车售后服务不是从维修开始的，应该从潜在客户的维系入手，延伸到实际客户的接触直到车辆的终身使用。优质的服务就是要维系住客户，它会影响客户的忠诚度，能带来新的客户，维系住客户就是维系住财富。

随着汽车市场的发展，商品趋向同质化，配置接近，且选择多样化，客户会逐步从对商品的比较转为对服务的比较，服务将是争取客户不可或缺的手段。在这种形势下，如果把客户关系的维系目标仅仅放到客户满意度（CS）的提升上是远远不够的。在客户关系维系上必须做到使客户从满意到感动，从感动到忠诚。客户关系维系的工作做得如何，可以围绕服务客户掌握率、固定客户、预约率和换购掌握率这几个指标进行评价。

一、服务客户掌握率

1. 服务客户掌握率（*CR* 率）的定义

经销商售出的车辆中，回店进行有偿服务（2 次以上/年）的台数与销售台数的比值，称为服务客户掌握率。

$$服务客户掌握率=\frac{回店进行有偿服务（2次以上/年）的台数}{销售的台数}\times 100\%$$

例如，2016 年销售车辆数 1 000 辆，2017 年回店有偿服务辆数为 900 辆，则

$$服务客户掌握率=\frac{900}{1\ 000}\times 100\%=90\%$$

2. 管理 *CR* 率的意义

（1）保证来店接受服务的客户数量，从而提高服务的收益能力。

（2）较高的 *CR* 率可以帮助经销商长期维系良好的客户关系，以促进客户今后在本店再次购买本品牌车。

（3）较高的 *CR* 率可提高客户在本店置换二手车的比例，从而提高换购本品牌车的比例。

（4）*CR* 率是制定年度维修台次、维修服务收入时必须考虑的计算指标。

由此可见，服务客户掌握率是直接关系客户维系程度的重要指标，也是服务收益、二手车置换、新车再销售的重要管理指标。如何提高服务客户掌握率，进而促成忠诚客户，是所有特约服务站都应予以重视的课题。

3. 影响 *CR* 率的因素

（1）服务质量。若服务质量差，则导致客户流失。在当今的汽车社会中，服务质量贯穿于整个服务过程，即从接车、维修保养说明、作业效率到交车前检查、交车说明、价格和跟踪服务等。

（2）同地区内多家同品牌店的竞争。竞争导致一些经销店的 *CR* 率高，一些店的 *CR* 率低。

（3）同地区出现新的竞争者（如品牌店、快修店等）。新的竞争者的出现导致一些客户流失。

（4）车辆销往远离本店的地区（如外地市县）。由于距离远，导致客户不便回店接受服务。这样的客户难以成为经销店的重要收益（服务和换购汽车）来源。

（5）经销店的地理位置。例如，客户在 A 店买车，到方便的 C 店接受服务。

二、固定客户

随着汽车销售竞争日益激烈，新车销售的利润贡献趋于平稳或稳中有降。经销商都积极地在汽车价值链中寻找新的利润增长点，其中，售后服务是汽车价值链中非常重要的一个利润来源。

服务的利润来源于入厂维修客户。一个终生（如 10 年使用期内）服务的客户所带来的利润往往超过售出这台新车时的利润，因此，许多经销店的经营者都越来越关心服务产值和利润的增长情况。而固定客户率是一个非常重要的管理指标。

1. 客户的定义和分类

在服务客户管理中，通常会根据客户来店接受服务的状况，进行分类管理。客户的分类见表 7—1。

表 7—1　　　　客户的分类

分类	说明
固定客户（活跃客户）	在一定的时期内仍然以一定的频率到店进行有偿服务的客户（如 2 次以上有偿服务/年）
流失客户	在一定的时期内没有到店进行有偿服务的客户（如 0 次有偿服务/年）
新增客户	过去从来没有到过本店进行有偿服务的客户
回流客户	在流失一定时间后，又再次回流到本店进行有偿服务的客户

（1）固定客户。固定客户是经销店稳定经营的基础，是服务收入来源的保障。要考察固定客户数量和比例。

（2）流失客户。除了关注其数量和比例外，还应分析客户流失的原因，反馈到日常的改善活动中，减少客户流失。

（3）新增客户。过去从未在本店进行有偿服务、第一次在本店客户管理系统进行登录的客户（也包含新车销售的客户），这些数字和比例是新利润增长的来源。

（4）回流客户。流失后的客户，经过跟踪、访问等客户维系活动后，重新回到经销店进行有偿服务的客户。争取流失客户回流是客户维系活动中的一个重要内容。

2. 管理客户指标的目的

积极创造固定客户、减少流失客户、发展新增客户和回流客户是特约服务站重要的经营目的之一。

美国凯迪拉克著名经销商、《终身用户》的作者卡尔·赛维尔，在书中提到“不是因为我们想卖给他一辆车，而是希望有机会卖给他 10 辆、20 辆车，这是他们一生中会买的车的数量，加到一起是一大笔钱。如果一辆车卖 2 500 美元，12 辆车就是 30 000 美元，另外还有备件和服务，都加到一起是一个可观的数字。如果这样一个终生客户再给我们介绍一个或几个终生客户，对我们又意味着什么呢?”所以，必须带着“感恩的心”，去对待来店的客户，“善待客户”就是“善待自己”。因此，每个员工都要重视如下工作：

（1）掌握固定客户的信息，了解他们是怎样成为固定客户的。

（2）如何进一步将固定客户培养成终生客户。

（3）需要跟进什么样的措施，才能达到这样的目标。

（4）怎样通过终生客户不断介绍新的客户。

3. 管理客户指标的意义

（1）确保服务经营的基础，确保服务收入的来源。

（2）庞大的服务客户群体是新车再销售的有利条件（从中寻找可销售的对象）。

（3）良好的服务创造固定的客户群体，建立品牌忠诚度，促进客户仍在本店换购车辆。

（4）上述各项指标是服务部每年制订年度服务入厂计划的重要依据。

三、预约率

1. 预约率公式

$$预约率=\frac{计划预约作业台次}{计划月接车台次}\times 100\%$$

2.预约的好处

(1) 良好的预约服务系统会为客户提供方便的服务，从而增加客户对经销商的忠诚程度。在这种良性循环中，固定客户的数量将会逐渐增加。

(2) 良好的预约服务系统能促进维修车间的生产负荷安排平均化，最终达到效益最大化。

3.我国汽车服务行业预约情况及其分析

在我国的汽车服务市场，汽车维修预约率不高，原因分析如下：

(1) 预约维修要求客户对故障的诊断能力强，描述故障时清晰、准确。如果不具备以上条件，就可能出现4S店维修准备错误，拖延正常维修时间，增加费用。

(2) 客户很难控制自己的时间也是预约人数不多的主要原因，本来已经预约好了，但客户有事就会改期。由于怕给维修厂添麻烦，不少客户也对预约保养维修抱有谨慎态度。

4.如何提高预约率

要使企业持续经营，建立良好的预约服务是必须做到的。每家经销店应该从一开业就开始建立预约体制。

(1) 加强与客户之间的沟通。根据档案定期地主动与客户联系，了解车辆信息。

(2) 设立专门上门验车员，对客户难以把握的故障问题进行上门检测，以提高汽车保养维修量。

案例：

某品牌特约服务站在实际工作中发现在维修车辆集中时（尤其是周一、周三），客户等待时间较长。为解决此问题，同时提升工作效率，该公司从2012年开始推出预约服务，起步时预约率不到10%，经过4年不断的努力，2015年预约率达到了36%。

该服务站预约服务的实践经验主要包括以下几个方面：

(1) 对按预约时间入场的客户，事先准备好零件、设备、人员，确保按时完工。

(2) 设定能进行预约显示的计算机系统，每三个月主动通知客户进行预约。

(3) 在进行促销宣传单页的制作时，将预约内容整合其中，让更多潜在客户了解该站的预约服务。

(4) 在车多、客户多的场合，利用客户等待时间，销售和服务顾问都主动向客户介绍预约服务。

(5) 设定专门的客户服务代表，应对预约的客户。

(6) 向预约客户赠送小礼品，以示与未预约客户的区别。

(7) 为提升客户赴约率，提前一天与客户短信联络再次进行确认。

(8) 将客户行驶证信息输入系统，提前通知客户车检日期，提供代客检车、预约保养等服务。

(9) 每月对预约客户信息进行分析，努力提升成功率。

从上述案例可以看出提高预约率是一个系统工程，而不是简单地联系客户就可以了。在这个系统工程中，需要软件（如人员安排、服务会议）和硬件（如工作安排、CRM系统保障等环节）的支持。实际工作中需要做好每一个细节，保证预约系统良性运转，以确保维修企业提高服务工位利用率、减少客户等待抱怨、提高 CSI，最终获得更多的固定客户。

所以只要想方设法尽量从方便客户的角度考虑，不断地推广预约服务，就有机会培养一批忠诚的客户。

四、参考指标——换购掌握率

1. 换购掌握率

随着汽车行业发展趋于成熟，车辆的更换周期会相对稳定，根据这个相对稳定的周期，经销商可以推算出再销售（换购）的目标数，由考察实绩与目标的差值计算换购掌握率。

例如，某经销商合计销售（换购）目标见表 7—2，目标换购辆数共 920 辆，换购成功 680 辆，换购掌握率$=\frac{680}{920}\times 100\%=73.9\%$

表 7—2　　某品牌汽车的换购目标及换购掌握率

销售时间	销售辆数	换购时间	目标换购辆数	目标换购率	换购成功辆数	换购掌握率
2012 年	1 000	2017 年	500	50%	400	80%
2013 年	1 000	2017 年	200	20%	160	80%
2014 年	1 000	2017 年	100	10%	80	80%
2015 年	1 500	2017 年	60	4%	30	50%
2016 年	1 500	2017 年	60	4%	20	33%
总计	6 000		920		680	73.9%

2. 如何提高换购掌握率

（1）经销商必须时刻与客户保持良好的接触，及时把握客户的需求（包括旧车置换），推荐合适的商品给客户。

（2）销售人员要关注其他品牌客户（如某客户的其他家庭成员）的动向，及时推荐该品牌汽车，使经销店对其他品牌的换购率进一步提高。

第二节　业务指标管理

业务指标管理的目标是确保经销商获得稳定的服务利润以维持经营，并不断提高客户对服务的满意度。在企业内部管理评价中可以围绕维修常用考核指标、生产经营指标、配件指标管理、一次修复率、服务销售与毛利润、工作效率指标等方面开展指标管理。通过对这些指标的管理来考核售后服务企业经营状况的好坏。

一、汽车维修常用考核指标

1. 汽车维护间隔里程

汽车维护间隔里程是指汽车两次同级维护作业之间的实际行驶里程，它是考核汽车运输企业执行汽车维护制度，按期强制维护汽车情况的一项指标。一般要求汽车维护间隔里程与规定的维护周期误差控制在±10%以内。

汽车运输企业执行汽车同级维护平均间隔里程计算方法如下：

$$一级（或二级）维护平均间隔里程（千米）=\frac{一级（或二级）维护总车行程}{一级（或二级）竣工辆次}$$

其中，维护竣工辆次是指报告期限内维护竣工出厂的汽车辆次数。

2.汽车维护工时定额

汽车维护工时定额是指完成每次维护的工时限额。它是考核汽车维护的实际工效和进行定员的主要依据之一，其计算方法如下：

$$维护平均工时=\frac{维护实耗工时}{维护竣工辆次}$$

$$完成维护工时定额百分比（\%）=\frac{维护实耗工时}{定额工时}\times 100\%$$

在汽车维护作业中，凡超过维护作业范围的附加修理作业工时不应计入维护实耗工时，要另外计算汽车修理工时。汽车维护工时定额按当地汽车维修管理部门的规定执行。

3.汽车维护与小修费用定额

汽车维护与小修费用定额是指汽车每辆次（或单位行程）维护与小修所耗用的工时和物料费用的限额，它是考核汽车维护厂生产管理水平的指标之一，其计算方法如下：

$$一级（或二级）维护平均费用=\frac{维护总费用}{维护竣工辆次}$$

$$小修平均费用=\frac{小修总费用}{总车千米}$$

$$完成维护（或小修）费用定额百分比（\%）=\frac{维护（或小修）实耗费用}{定额费用}\times 100\%$$

汽车维护与小修费用也可以累计考核，称为汽车维修费用。汽车维修费用定额是指汽车每行驶一定里程，维护与小修耗用的工时和物料总费用的限额，按车型和应用条件等分别规定，它是汽车运输行业管理要建立的主要经济定额和指标之一，其计算方法如下：

$$汽车维修费用=\frac{各级维护与小修费用总和}{总车千米（千车千米）}$$

4.小修频率

小修频率是指每千车千米发生小修的次数（不包括各级维护作业中的附加小修作业），它是考核汽车使用、维护和修理质量的一项综合性指标，也是汽车运输行业管理要建立的主要技术经济定额和指标之一。一般要求汽车小修频率不超过 2 次/千车千米，其计算方法如下：

$$小修频率=\frac{小修辆次}{总车行程（千车千米）}$$

5.配件材料消耗定额

配件、材料消耗定额是指汽车在单位行程内或每辆次维护（或小修）所需要的配件和材料等消耗限额。它是考核维修企业节约物料和组织供应的依据，计算方法如下：

$$配件等材料平均消耗量（元/万车千米）=\frac{维护和小修总消耗量}{总车千米（万车千米）}$$

$$油料平均消耗量（元/辆车）=\frac{一级（或二级）维修（或小修）总消耗量}{维护（或小修）竣工辆次}$$

$$配件、材料完成消耗定额（\%）=\frac{实际消耗量}{定额消耗量}\times 100\%$$

6.汽车大修间隔里程定额

汽车大修间隔里程定额是指新车到大修，或大修到大修之间所行驶的里程限额，按车型和使用条件等分别制定。该指标可以综合反映汽车大修质量和平时使用及维修质量，因此是汽车运输行业管理中必须建立的技术经济定额之一。

$$大修平均间隔里程=\frac{大修车辆总车行程}{大修车辆次}$$

有的汽车行驶一定里程后经检测和技术鉴定，其零件磨损和总成损坏严重，已无法修复或无修理价值，未经大修即报废，该车的行驶里程应计入大修汽车总行程中。肇事汽车和机损事故汽车不应计算在内。

汽车行驶里程达到大修间隔里程定额时，应进行技术鉴定，在技术上允许、经济上合理的条件下，可规定补充行驶里程定额。

7.发动机总成大修间隔里程定额

发动机总成大修间隔里程定额是指新发动机到大修，或大修到大修之间所行驶的里程限额，按型号和使用燃料类别等分别制定。发动机总成大修间隔里程定额也是汽车运输行业管理中必须建立的技术经济定额之一，具体考核的要求同汽车大修间隔里程定额。

8.修理工时定额

修理工时定额是指完成每次修理的工时限额，它是考核汽车修理企业实际工效和进行定员的主要依据之一，具体考核计算方法如下：

$$平均修理工时=\frac{修理实耗工时}{修理竣工辆次}$$

$$完成修理工时定额百分比=\frac{实耗工时}{定额工时}\times 100\%$$

一般情况下，汽车维修管理部门所规定的统一工时定额是当地进行汽车维修核计工时的最高定额。

二、生产经营指标

1.评价指标

车辆维修业务评价指标包括如下内容：

（1）维修台次。指报告期内维修车辆的总数。

（2）维修收入。指企业提供汽车维修劳务等所取得的营业收入，它由汽车维修工时收入、材料配件收入和其他收入三部分组成。

（3）$维修车辆总目标完成率=\frac{维修车辆总数}{目标维修车辆数}\times 100\%$

（4）$客户付款维修车辆比例=\frac{客户付款维修车辆数}{目标维修车辆数}\times 100\%$

（5）免费定期保养率$=\frac{\text{免费定期保养车辆数}}{\text{适用于免费定期保养的车辆总数}}\times 100\%$

（6）每名技师维修的车辆数$=\frac{\text{维修车辆数}}{\text{技师总数}}$

2.生产经营指标的作用

（1）车辆维修数量是标示维修车间工作的指标。

（2）客户付款维修台数可衡量客户对维修车间的信赖度，也是维修企业服务利润的重要来源。

（3）保修服务是经销商对客户应承担的责任，也是关系到向制造商反馈技术信息的重要工作。

（4）内部服务（PDS、免费定期保养）为车辆销售部门的销售提供帮助，同时，也是一个及早发现故障与实施客户维护活动的机会。

（5）内部服务和客户付款维修台数能够收集客户信息，有助于增加未来的服务机会和新车销售的可能性。

3.维修台次和维修收入分析

为了便于分析，维修台次和维修收入又可进行细分。

（1）按车型分可分为国产车、进口车等。

（2）按维修类型分可分为日常保养、一般维修、保险车等。

（3）按项目分可分为配件收入、工时收入等。

4.工作改进

维修台次不足会造成员工劳动利用率降低和维修工位的闲置，从而造成资金的浪费。因此，应注意使车间生产能力持续地得到充分发挥。当发现实际维修台次下降时，应立即采取适当的行动。

首先对照维修台次和维修收入图表，找出维修台次下降的原因，然后有针对性地采取措施。

（1）客户流失的原因。根据调查，维修台次减少即客户流失主要有以下 5 个方面的原因：

1）对工作质量/维修质量不满意。

2）对服务不满意。

3）对维修价格不满意。

4）流失到了其他企业。

5）搬迁及其他原因。

（2）补救方法。后两项原因造成客户流失较难挽回，前三项原因通过改进可以补救。具体补救方法如下：

1）客户对工作质量/维修质量不满意：

① 接车时若有疑问，必须进行准确的诊断，必要时进行试车。

② 加强质量检验，确保客户车辆故障得到排除。

③ 不断通过培训来促进员工的技能提高。

2）客户对服务不满意：

① 应当尽可能地由服务顾问交付车辆及进行发票的解释的工作，实行“一站式维修服务”。

② 顾客应受到友好的接待，尽量在客户进入业务接待厅时称呼客户姓名。

③ 若预订的维修时间要推迟，应及时向客户通报。

④ 持续不断地检查客户的满意程度，对客户进行问卷调查和电话回访，发现问题及时解决。

3）客户对维修价格不满意：

① 做好发票解释工作，使客户认可维修项目和费用。

② 展示和解释拆下的部件，使客户产生信任。

③ 维修中增加维修项目必须与客户进行口头或电话协商，征得客户同意，并在订单上做记录。

④ 企业应悬挂常用配件及工时费价格表，价格表应挂在显眼位置。

⑤ 按照严格核算的固定价格收费，不能随意变更。

⑥ 对于一些简单的小故障，可免工时费为客户维修。

三、配件指标管理

1.评价指标

配件管理评价指标包括如下内容：

（1）库存品种和数量百分比。指 A、B、C 三类配件占全部配件品种的百分比及占配件收入总额的百分比。

（2）配件及时供应率。指充分供应的配件项目数与当期实际需求配件数的比。

（3）缺货配件率。

缺货配件率＝1－配件及时供应率

缺货配件分析见表 7—3。

表 7—3　　缺货配件分析

月份	A类		B类		C类	
	缺货数量	所占百分比（%）	缺货数量	所占百分比（%）	缺货数量	所占百分比（%）
1月	1	14	2	28.60	4	57.10
2月	0	0	3	37.50	5	62.50
3月	1	12.50	2	25	5	62.50
4月	2	18.20	3	27.30	6	54.50
5月	1	12.50	3	37.50	4	50
6月	0	0	2	28.60	5	71.40
7月	1	8.40	4	33.30	7	58.30
8月	0	0	4	40	6	60

续表

月份	A类		B类		C类	
	缺货数量	所占百分比（%）	缺货数量	所占百分比（%）	缺货数量	所占百分比（%）
9月	2	15.40	5	38.50	6	46.10
10月	1	12.50	2	25	5	62.50
11月	1	9.10	5	45.45	5	45.45
12月	0	0	3	33.30	6	66.70
	10	8.90	38	33.90	64	57.20

从表7—3中可以看出，9月、11月B类、C类缺货配件比例不合理，主要原因是B类配件缺货数量较大。从整个年度缺货数量看，B类配件缺货数量也较大。B类配件可以不必像A类配件一样跟单订购，对购备时间控制非常严；也不能像C类配件一样一次性大批量采购，可以采取设置安全存量的方式，到了订购时间以经济采购量加以采购即可。

2. 配件及时供应率低的原因和应采取的措施

（1）配件不备货。按规律一些配件较少使用或价值很高，不备货属正常情况。

（2）备货不及时。查找原因，属配件管理部门责任的，要追究责任。

（3）备货不足。及时调整安全存量。

案例：

某维修厂厂长在分析维修台次和维修收入图表时发现，A车型的维修台次在逐月升高，查阅配件分析表发现A车型的缺货数量却在逐月上升。

该维修厂厂长又通过市场调研得知A车型今年的销售情况良好，A车型为10万元左右的家庭轿车，很多客户从经济性出发，在车辆过保修期后，很多不再进特约服务站。

通过调研，该维修厂厂长制定了如下措施：

（1）调整库存结构，增加A车型配件库存。

（2）组织A车型的技术培训，提高维修人员技术水平。

（3）组织A车型客户联谊会，吸引客户。

结果，该维修厂A车型的维修量不断提升，给企业带来了可观的经济效益。

四、一次修复率

随着新车销量的激增，汽车保有量加大，会造成维修企业维修能力紧张，同时随着维修车型增多以及车型技术配置日益丰富，所带来的非一次修复情况增加。维修品质是客户的根本诉求，如果维修品质出现问题，客户满意无从谈起。而对于维修企业，一次修复是售后服务的基础，没有一次修复，服务效率和品牌便无从谈起。

一次修复率要求维修企业具有较高的维修作业水平及团队协作能力。为提高服务的水平和质量，让客户满意，这就要求维修企业把一次修复率作为硬指标来考核。

1. 评价指标

一次修复的概念必须从客户角度出发，不能简单地描述为一次就修好，而是有更加宽泛的意义。一般而言，应考虑三种情况：是否一次就修好；是否在承诺的时间内交车；维修时间是否合理。三种情况按照顺序排列，层层递进，只要有任一问题的答案是否定的，就应该将其视为非一次修复。只有当三种情况都符合要求，才可以判定为一次修复。

$$一次修复率=\left(1-\frac{当期返修台数}{当期进厂台数}\right)\times 100\%$$

2. 一次修复率分析

一次修复率与传统的考核指标返修率中的返修台次是不一样的。返修率对返修台次的定义是，在统计期内竣工出厂的车辆在一定里程内由于维修工艺责任或因材料配件质量不合要求等原因回厂再次进行修理的台次。

从一次修复率的定义上看，引起返修的情况有以下几种：

（1）维修工艺不适合要求引起的返修。

（2）材料配件质量不适合要求引起的返修。

（3）配件缺货或发运来的配件与规格、型号不符引起的返修。

（4）一些常见的问题（如轮胎噪声），由于不能准确判断故障而引起的返修。

（5）对一些偶发故障，由于没有确定的方案，临时采取一个方案试用导致的返修。

通过一次修复率与返修率中的返修台次的对比，可以发现一次修复率更能体现以客户满意为中心的思想。

通过一次修复率的月份趋势曲线图，可以找出影响一次修复率的因素。

案例：

某企业上年度一次修复率统计见表 7—4。

表 7—4　　一次修复率统计表

月份	一次修复率（%）	月份	一次修复率（%）
1月	98.70	7月	98.50
2月	98.50	8月	98
3月	98.10	9月	97.80
4月	98.10	10月	98.80
5月	99.10	11月	98.90
6月	98.60	12月	98.50

经过对年度返修台次进一步分析，在 258 台次的返修中，维修工艺责任 84 台次，占 32.55%；配件质量 66 台次，占 25.6%；配件缺货 76 台次，占 29.45%；其他 32 台次，占 12.4%。

对维修工艺责任引起的返工进一步分析，维修工艺责任返工情况见表 7—5。维修工艺责任返工分析如图 7—1 所示。

表 7—5　　维修工艺责任返工情况

序号	项目	频次（%）	频率（%）
1	调整不当	26	31
2	装配失误	23	27.3
3	紧固不当	19	22.6
4	作业漏项	11	13.1
5	其他	5	6
6	合计	84	100

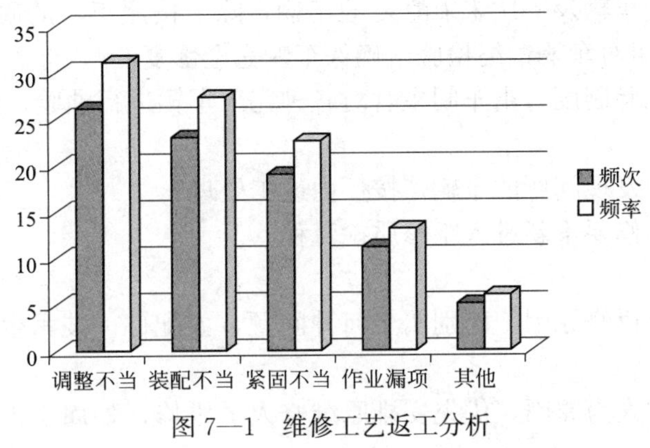

图 7—1　维修工艺返工分析

3. 一次修复率的控制

一次修复率的控制应贯穿在整个维修过程中。

(1) 充分记录客户关心的问题重点与要求。服务顾问详细记录客户车辆问题是修复成功的第一步，接车时服务顾问应该详细询问客户车辆故障发生时的现象、车辆日常使用条件、故障发生频率及条件等重要信息，并做好相应记录。

(2) 诊断：

1) 对于可重现的车辆故障、服务顾问应陪同客户试车检查，以便了解实际情况，分析故障原因，制定维修方案。

2) 对于较难重现的故障或暂时难以准确判断的故障，服务顾问应查阅维修档案、维修技术资料，仔细分析可能的故障原因。对新问题、疑难杂症或暂时难以准确判断的故障应组成专家小组共同会诊分析故障原因，制定维修方案。

(3) 维修：

1) 维修施工前，维修人员应全面了解车辆故障信息（故障内容、故障发生的条件等）。

2) 维修施工中，维修人员应做到以下几点：

① 维修人员应严格按照维修技术规范完成维修工作。

② 维修人员应重视维修质量，树立质量第一的思想，争取在第一时间内将客户的车修好。

③ 维修中，必须采用上、下道工序互检的方式，如有多工种维修，在上一道工序负责

的项目结束后，完成与下道工序的交接。

④ 维修工作应在预计时间内完成。

⑤ 不能用其他工具代替专用工具，以免造成车辆部件的变形或损坏。

⑥ 不能擅自改变技术资料规定的拆装顺序和紧固转矩。

⑦ 在维修过程中，发现维修方案有偏差或有其他的故障隐患，应及时和车间主管联系，以便及时纠正错误方案以及对未被发现的隐患进行及时的修理。

⑧ 在完成每一步维修作业后，需对该维修部位进行检查。

（4）质检：

1）在维修过程中，应严格执行三检制度，即自检、互检、专检。

2）对疑难杂症的车辆及一次未能修复的车辆，除了按照正常的质检规范进行外，车间主管还应组织专家小组对车辆最终检验，确保车辆完全修复。

3）车间应建立抽验制度，由车间主管对各种完工车辆进行抽验，加强维修质量的监督。

（5）厂内返工：

1）对于在质检中发现问题的车辆，按厂内返工处理。

2）返工车辆的维修要重新进入维修质检流程。

（6）返修：

1）车间主管分析返修原因，区别属于何种问题，如配件、技术生产质量或工作态度问题等。

2）返修如属于非人为原因，优先安排原维修人员维修；如属于人为原因，则由更高水平人员完成维修。

3）返修车辆应优先安排维修，完成后进行严格检查，没有问题方可交车。

4.一次修复率控制的工作改进

（1）返修车处理记录表应存档，内容包括车辆信息、故障现象、故障原因、返修的原因、改进措施等。

（2）厂长应定期与车间主管、技术主管共同分析返修原因及采取的对策。

（3）车间主管及时召集相关人员对未能一次修复的案例进行专项技术交流，逐步提高员工的维修技术和工作责任心，避免类似故障重复发生。

（4）厂长每月应召集所有员工开会，讨论一次修复与准时完工的绩效、管理、返修及改善措施。

（5）设置一次修复率的月份趋势曲线图表，公告一次修复率情况。

（6）车辆一次修复率应作为管理人员考核的重要依据，奖励维修质量优良的维修人员，处罚造成返修的员工。

案例：

A 地一家一汽大众服务站，在电话回访中发现一捷达车客户连续四次抱怨他车上的空调不好用。查阅返修记录中没有该车的情况，后经调查得知情况如下：

客户购置的捷达前卫轿车，行驶了 30 000 千米。打开该车空调连续行驶 1～2 小时后，出风口的冷风变成自然风。这时关闭空调开关 2～3 分钟，再打开空调，出风口又吹出冷风。

维修人员曾检查过制冷系统的压力、膨胀阀、干燥器等，但未解决问题。

实际上此问题是由于空调低压管、蒸发器结霜引起的。此类捷达电喷车空调压缩机为可变排量压缩机，空调控制系统中无恒温开关。当打开空调，鼓风机开关在1挡，内外循环开关打在内循环位置，车辆连续行驶1～2小时后，可能会出现此故障。

出现故障后客户可将鼓风机开关打在2挡，内外循环开关打在外循环位置工作一段时间，故障即消除。这样解释大多数客户能接受，对小部分不能接受的客户，也可在蒸发器上加装恒温开关解决这一问题。

后来按客户要求加装了恒温开关，解决了问题。

在讨论该车应不应该计为返修车辆时，有人认为按传统考核指标，此类捷达电喷车有此问题，不应算作返修，因它不属于在统计期内竣工出厂的车辆在一定里程内由于维修工艺责任或因材料配件质量不合要求等回厂再次进行维修的。也有人认为按照现代一次修复率的概念，此车辆应为返修，由于误诊断和没有合理的解释而让客户多次进厂检修，引起客户抱怨。讨论的结果是该车应计为返修，最后厂长决定，按照现代一次修复率的概念统计返修。

在年底的客户满意度统计中，企业管理者发现客户满意度比上年度提高了，主要原因是由于误诊断和没有合理的解释等原因造成的二次进厂减少了。

五、服务销售与毛利润

为了确保经销商经营的正常运转，需要有稳定的利润收入。通过对销售及毛利润指标的确定，能够使服务部门明确自己的工作目标及任务。

1. 评价指标

（1）服务销售：

$$客户付款服务销售目标达成率=\frac{客户付款服务销售实绩}{客户付款服务销售目标}\times 100\%$$

$$单车销售额=\frac{客户付款服务销售实绩}{客户付款入库总台数}$$

$$服务部员工平均服务销售额=\frac{客户付款服务销售实绩}{服务部员工总数}$$

$$业绩增长率=\frac{本年（本期内）服务销售}{前一年（上一期间）服务销售}\times 100\%$$

（2）毛利润：

$$毛利润=销售收入-销售成本$$

销售成本指技师工资成本和零部件成本以及外包人力成本，其他销售过程中产生的费用不计算在内。

$$目标毛利润完成率=\frac{完成的毛利润}{目标毛利润}\times 100\%$$

$$毛利润率=\frac{毛利润}{客户付费服务消费}\times 100\%$$

$$服务员工平均毛利=\frac{毛利润}{服务员工总数}$$

$$平均毛利润=\frac{毛利润}{付费维修车辆数}$$

$$毛利润年增长率=\frac{本期间（本年度）毛利润}{上一期间（去年）毛利润}\times 100\%$$

2.服务销售管理过程

（1）目标计划设定。利用维修车辆数及其费用期望值来预测销售量。

1）确定服务目标。

2）制定月目标的完成时间表。

（2）服务销售额或毛利润低于目标水平时采取的措施。

1）增加服务销售：

① 增加维修车辆数量。

② 提高每辆车的维修费用。

2）削减成本：

① 避免加班。

② 减少转包数量，尽量在内部解决。

3）提高生产效率，主要是提高技师的工作效率。

六、工作效率指标

1.评价指标

（1）出勤率：

$$出勤率=\frac{出勤工时}{总工作工时（付薪工时）}\times 100\%$$

出勤工时＝实际维修工作花费的生产性工时＋其他工作花费的工时（$W_1+W_2+W_3+W_4$）

式中 W_1——车间进行如设备的维护和保养、清理工作等花费的工时；

W_2——闲置时间；

W_3——学徒工在岗培训工时；

W_4——车辆返修花费的工时。

付薪工时＝出勤工时＋带薪缺勤工时（$W_5+W_6+W_7+W_8$）

式中 W_5——带薪休假和节日工时；

W_6——培训（内部和外部培训）工时；

W_7——带薪病假工时；

W_8——其他工时。

（2）劳动利用率：

$$劳动利用率=\frac{实际生产性工时}{出勤工时}\times 100\%$$

（3）工作效率：

$$工作效率=\frac{标准工作工时}{实际生产性工时}$$

标准工作工时由行业管理部门或企业制定，应尽量核算准确。

2.出勤率低分析

（1）出勤率低的原因。员工出勤率低的原因除了特殊情况，如结婚、生病等，另一个主要原因是员工缺乏工作积极性。

了解是否有员工对以下内容提出异议：

1）报酬。

2）工作条件、工作环境。

3）与上级和同事频繁的矛盾。

4）上级的领导风格。

（2）提高出勤率的措施：

1）确定问题由谁负主要责任。

2）领导者应表明对按时上班的重视，并立即对个别反常情况做出反应。

3）查找员工缺乏工作积极性的原因。

4）在员工中开展团队工作/团队精神建设。

3.提高劳动生产率的方法

保证尽可能高的劳动生产率是企业管理人员的重要任务之一。劳动生产率低，导致车间的人员和设备往往得不到充分利用，非生产性工时数量太高。

（1）货源少导致车间劳动生产效率低。货源少导致车间劳动生产效率低，可采取以下措施增加货源：

1）通过赢得新的客户来改善每日车间订单的数量。

2）客观地审视维修的性价比是否合理，这其中包括维修质量、对客户的友善程度、乐于助人、服务项目的多样性、工时费率。

3）扩展服务项目，如快修服务、上门取车、送车服务、提供备用车辆等。

4）调整营业时间，使其尽可能地符合客户的要求，并为此做宣传。

5）通过广告定期地向客户展示品牌或经销商的服务。

6）以固定价格定期地向客户提供特别服务/季节性服务项目。

7）向客户提供质量承诺。

8）改善车间的形象。

9）认真听取客户的意见和投诉。

10）始终如一地实施电话回访。

（2）派工不合理导致车间劳动生产率低。派工不合理导致车间劳动生产率低，可采取以下措施解决：

1）合理派工。

2）实行预约服务。

（3）返工过多。返工过多，可采取以下措施解决：

1）加强维修三检制度。

2）由有经验的维修技师进行作业指导。

案例：

某特约维修站最近发现随着私家车的增多，周六、周日来维修的客户逐渐增多，而周三至周五的维修量却在下降。企业原来周六、周日休息，只留30%人员值班，这样导致周三至周五维修人员闲置时间过长，造成劳动生产率降低，而周六、周日客户等待时间长，引起客户抱怨，甚至有些客户流失。

针对此种情况，企业重新调整了工作时间，从周三至周五维修人员轮休。这样企业劳动生产率大大提高，客户满意度也有了较大提升。

复习思考题

一、判断题

1. 服务质量的好坏直接影响客户掌握率的高低。（　　）

2. 固定客户是经销商稳定经营的基础，是服务收入来源的保障。（　　）

3. 修理工时定额是考核汽车修理企业实际工效和进行定员的主要依据之一。（　　）

4. 汽车维护间隔里程是考核汽车运输企业执行汽车维护制度，按期强制维护汽车情况的一项指标。（　　）

5. 一次修复表示维修一次即可将车辆技术状况恢复原状。（　　）

二、思考题

1. 如何提高维修一次修复率？

2. 试分析预约率对客户维系有哪些影响。